CW00481527

ISBN 978-0-428-17635-8
PIBN 11307380

English
Français
Deutsche
Italiano
Español
Português

www.forgottenbooks.com

Mythology Photography **Fiction**
Fishing Christianity **Art** Cooking
Essays Buddhism Freemasonry
Medicine **Biology** Music **Ancient
Egypt** Evolution Carpentry Physics
Dance Geology **Mathematics** Fitness
Shakespeare **Folklore** Yoga Marketing
Confidence Immortality Biographies
Poetry **Psychology** Witchcraft
Electronics Chemistry History **Law**
Accounting **Philosophy** Anthropology
Alchemy Drama Quantum Mechanics
Atheism Sexual Health **Ancient History**
Entrepreneurship Languages Sport
Paleontology Needlework Islam
Metaphysics Investment Archaeology
Parenting Statistics Criminology
Motivational

OTTO VON FALKE

DAS RHEINISCHE STEINZEUG

DAS

EINISCHE STEINZEUG

VON

OTTO VON FALKE

ERSTER BAND

MIT 2 HELIOGRAVÜREN, 7 LICHTDRUCKTAFELN
UND 137 TEXTABBILDUNGEN

IN COMMISSION BEI MEISENBACH RIFFARTH & CO.
BERLIN-SCHÖNEBERG

INHALT

Erster Band.

VERZEICHNIS DER TAFELN.

Erster Band.

Zweiter Band.

CÖLN-FRECHEN UND SIEGB

VORWORT

Die vorliegende Arbeit verdankt ihr Entstehen einem Vermächtnis des im Jahre 1903
zu München verstorbenen Kunstforschers und Sammlers

ERNST ZAIS AUS WIESBADEN.

Zais hatte der Geschichte der deutschen Töpferkunst langjährige Untersuchungen ge-
widmet; sein Buch über die Kurmainzische Porzellanmanufaktur in Höchst ist die bekannteste Frucht dieser Arbeiten.

In besonderem Maß war seine Beachtung dem Steinzeug seiner engeren nassauischen
Heimat zugewandt. Er erkannte, daß in den älteren Fachschriften das Kunstgewerbe des
Kannenbäckerlandes auf dem Westerwald nicht zu seinem Recht gekommen war. Er er-
kannte auch, was fehlte, um eine richtigere Darstellung zu begründen und zu beweisen.
Er unternahm es selbst, nach beiden Richtungen die notwendigen Unterlagen einer Ge-
schichte des Westerwälder Steinzeugs herbeizuschaffen. Er durchforschte die Trierischen,
Wiedischen und Wittgensteinischen Urkunden in den Archiven von Coblenz, Neuwied und
Berleburg. Dann sammelte er in Höhr, Grenzhausen und anderen Töpferorten der Gegend,
was an Brüchlingen zu Tage kam, nebst Hohlformen, Patrizen, Stempeln und Werkzeugen
aus den alten Töpferhäusern. In Grenzau veranstaltete er selbst Ausgrabungen, die reiche
Ergebnisse in seinen Besitz brachten. Seine Sammlertätigkeit begrenzte er mehr und mehr
auf das Steinzeug des Westerwaldes; zu all den Fundstücken, deren Herstellungsort er
kannte, suchte er wohlerhaltene Krüge zu erwerben, um so ein möglichst vollständiges
und gesichertes Bild der Erzeugnisse des Kannenbäckerlandes zu gewinnen.

Als erste Frucht seiner Mühen erschien 1895 in den Schriften des Vereins für Sozial-
politik eine von Ernst Zais und Dr. Paul Richter gemeinsam verfaßte, inhaltreiche Darstellung der „Thonindustrie des Kannenbäckerlandes auf dem Westerwald." Es war eine Vor-
arbeit, der Zais eine ausführliche Geschichte dieses Kunsthandwerks folgen lassen wollte.
Aber seine Gesundheit hielt nicht Stand.

2*

Als dauernde Krankheit ihn zwang, seinen Plan endgültig aufzugeben, vermachte er seine auf dem Gebiet des Westerwälder Steinzeugs unerreichte Sammlung ‚dem Kunstgewerbemuseum der Stadt Cöln mit der Auflage, daß der Unterzeichnete eine Geschichte des Westerwälder Steinzeugs herausgeben sollte. Für die Ausstattung des Werks stellte er ausreichende Mittel letztwillig zur Verfügung.

Aus den engen Beziehungen des Westerwaldes zu den älteren Betriebsorten ergab sich die unabweisbare Notwendigkeit, auch deren Erzeugnissè in Betracht zu ziehen und somit die Arbeit zu einer Darstellung des gesamten Rheinischen Steinzeugs abzurunden. Alle Vorarbeiten des Verstorbenen, seine Urkundenauszüge, Aufzeichnungen, Abbildungen und die aus seiner Sammlung zu entnehmenden Aufschlüsse sind in den VIII. Abschnitt aufgenommen worden. Es sind somit zu einem wesentlichen Teil die Forschungsergebnisse Ernst Zais', die in diesem Abschnitt niedergelegt sind. Möge das Buch dem Andenken dieses selbstlos nach Wahrheit strebenden Forschers dienlich sein.

Für freundliche Förderung durch Auskünfte oder Photographien ist der Unterzeichnete der Frau Baurat Oppler in Hannover, den Herren Dr. Albert Figdor und Alfred Walcher von Molthein in Wien, Freiherrn von Lanna, Direktor Chytil und Dr. Borowsky in Prag, Herrn H. Engel-Gros in Basel, den Herren Museumsdirektoren v. Bezold in Nürnberg, Dr. Brinckmann in Hamburg, Dr. Deneken in Crefeld, H. Frauberger in Düsseldorf, Dr. Graul in Leipzig, Dr. P. Jessen in Berlin, A. Pit in Amsterdam, Ch. H. Read in London, W. Vogelsang in Utrecht zu besonderem Dank verpflichtet, desgleichen Herrn Oberbürgermeister Marx in Düsseldorf für die Erlaubnis, die der Stadt Düsseldorf gehörige Sammlung Hetjens für Abbildungen heranziehen zu dürfen.

Cöln, 22. März 1908.   O. v. Falke

I. EINLEITUNG

Das rheinische Steinzeug ist sicherlich das deutscheste unter allen höherstehenden Erzeugnissen unserer alten Töpferkunst, wenn man von den Kachelöfen und verwandten Gattungen absieht. Unberührt von den morgenländischen, italienischen und ostasiatischen Einwirkungen, die in der Technik und im Stil der Fayence und des Porzellans sich so entschieden geltend gemacht haben, ist das Steinzeug aus ganz urwüchsigen Betrieben zur Blüte emporgediehen: Die Krugbäcker haben ihre eigentümlichen Glasuren und Zierweisen aus den Ansprüchen ihres Werkstoffs heraus entwickelt und ihre Gefäßformen, auf denen weit mehr als auf den Reliefzierraten der wahre Kunstwert des rheinischen Steinzeugs beruht, ohne merkliche Anlehnung an fremde Vorbilder selbständig geschaffen. Die führenden Betriebsorte lagen alle im deutschen Sprachbereich und liegen heute innerhalb der deutschen Grenzen.

Alles das ist unbestreitbar und mit ernsten Gründen auch kaum angefochten worden. Um so seltsamer ist es, daß trotzdem grade dieser Kunstgattung der rein deutsche Ursprung mit solcher Hartnäckigkeit abgesprochen wurde, daß bis heute das rheinische Steinzeug noch nicht ganz zu seinem vollen Recht gekommen ist.

Nach dem Niedergang und Erlöschen der rheinischen Krugbäckerei im 18. und 19. Jahrhundert waren die Erzeugungsorte in Vergessenheit geraten. Bevor sie wieder bekannt wurden, hatte die Sammelarbeit sich den Steinzeugkrügen der Renaissance zugewendet und in weiten Kreisen, namentlich in den Niederlanden, in England und Frankreich hatte damals die Bezeichnung „Grès flamand" oder flandrisches Steinzeug Aufnahme gefunden.

Dieser Handelsname war dadurch entstanden, daß die ersten großen Krugsammlungen des 19. Jahrhunderts in den Niederlanden sich bildeten, die Sammlungen Huyvetter, Renesse und Minard van Hoorebeke in Gent, Weckherlin im Haag, und daß in diesem alten Absatzgebiet der rheinischen Krugbäcker gute Stücke in beträchtlicher Zahl sich vorfanden. Die Sammlung Huyvetter, deren Hauptstücke schliesslich in die Museen von Brüssel und South Kensington gelangt sind, war 1829 in sehr unzulänglichen Abbildungen von Onghena in Gent noch ohne Angabe des Ursprungs der Krüge veröffentlicht worden.[1]) Der

---

[1]) Zeldzaamheden verzameld en uitgegeven door Joan d' Huyvetter.

Versteigerungskatalog aus dem Jahre 1851, von Benoni Verhelst in Gent geschrieben, faßte aber bereits das ganze Steinzeug unter dem Titel „Poterie en grès néerlandaise, vulgairement grès flamand" zusammen. Die Vermutung niederländischer Herkunft fand eine Stütze in den flämischen Inschriften, die auf Raerener, für niederländische Abnehmer bestimmten Krügen zuweilen vorkommen und auch in den plattdeutschen Sprüchen und Aufschriften, die im Ausland als flämisch hingenommen wurden.

Im Jahre 1873 erschien dann das kleine, aber inhaltsreiche Werk des Cölner Kaplans Dornbusch „Die Kunstgilde der Töpfer in der abteilichen Stadt Siegburg und ihre Fabrikate", die erste ernsthafte Bearbeitung dieses Stoffes. Sie brachte eine überraschende Fülle wirklicher Aufklärung, viel mehr, als der Titel erwarten ließ. Denn Dornbusch gab nicht nur auf urkundlicher Grundlage eine noch heute brauchbare Geschichte der Siegburger Eulnerzunft und mit Hilfe von Scherbenfunden eine im allgemeinen richtige Kennzeichnung ihrer Erzeugnisse, sondern er wies auch schon auf Höhr und Grenzhausen im Westerwald hin, auf den durch die Aufdeckung einiger Krugöfen bekannt gewordenen Betrieb von Frechen und schließlich auf den vierten Hauptort der rheinischen Steinzeugtöpferei Raeren, der ebenso wie Siegburg gänzlich verschollen war. Von Dornbusch ging die Anregung zu den Ausgrabungen der Scherbenlager in Raeren aus, die der Kaplan Schmitz daselbst und der Töpfermeister Mennicken ins Werk setzten und die in den folgenden Jahren ein ziemlich vollständiges Bild der dortigen Erzeugnisse lieferten. Nur die Cölner Öfen waren zu Dornbuschs Zeit noch nicht wieder zu Tag gekommen und so blieb ihm die für das erste Aufblühen der Krugbäckerei ausschlaggebende Bedeutung der Cölnischen Werkstätten verborgen.

Immerhin waren durch Dornbusch die vier wichtigsten Töpfereigebiete des rheinischen Steinzeugs, Siegburg, Cöln-Frechen, Raeren und der Westerwald festgestellt und die Möglichkeit zur Unterscheidung ihrer Arbeiten angebahnt.

Damit wäre eigentlich das „flandrische Steinzeug" erledigt gewesen. Denn daß in Flandern selbst jemals Steinzeug gemacht worden wäre, konnte Niemand behaupten. Zwar hatten Ausgrabungen und urkundliche Quellen alte Steinzeugbetriebe wenn auch nicht in Flandern, so doch an mehreren Orten des belgischen Maastals sicher erwiesen. Aber dieses wallonische Steinzeug von Bouffioulx, Chatelet, Namur, von Bouvignes, Dinant, Verviers, das D. A. van Bastelaer erschöpfend veröffentlichte,[1] war nur ein dürftiger Ersatz für den Entgang der nun Deutschland zugefallenen Kunstkrüge. Selbständigen Kunstwert besitzt das wallonische Steinzeug wenig; es ist über ziemlich mäßige Nachahmungen von Raerener, Frechener und Grenzhausener Arbeiten nicht viel hinaus gekommen.

Je mehr grade in den achtziger Jahren des 19. Jahrhunderts die Schätzung der Renaissancekrüge in die Höhe ging, gefördert durch die Ausstellungen in Cöln 1876, Brüssel und Düsseldorf 1880, Lüttich 1881, Gent 1882, und genährt durch die Versteigerungen der Sammlungen Disch 1881, Paul 1882, Minard 1883, Gedon 1884, Felix 1886, Seyffer 1887, Meurer 1888, Hartel 1890, Spitzer 1893, um so weniger waren die Sammlerkreise Belgiens geneigt, die durch einen leeren und veralteten Handelsnamen erweckten Ansprüche aufzugeben.

---

[1] Les Grès Wallons, grès-cérames ornés de l'ancienne Belgique ou des Pays-Bas, improprement nommés grès flamands. Mons 1884.

Es blieb nur ein Mittel, das Grès flamand zu retten. Man übertrug diese Bezeichnung auf die Arbeiten des Töpfergebietes von Raeren bei Aachen, das durch die höchst ergiebige Ausbeutung seiner Scherbengruben in den Vordergrund gekommen war. Raeren konnte zwar nicht wohl für flandrisch, aber doch mit einiger Berechtigung für niederländisch erklärt werden. Denn Raeren lag im Amt Walhorn, einem deutschen Sprengel des Herzogtums Limburg, welches letztere seit 1288 mit Brabant politisch verbunden war. Zur Zeit als die Krugbäckerei in Raeren blühte, gehörte der Bezirk Walhorn somit zu den spanischen und später oesterreichischen Niederlanden. Die Bewohner dieses Grenzgebietes sind deutschen Stammes, aber auch die flämische Sprache ihres politischen Hinterlands, von dem das Bistum Lüttich sie trennte, war ihnen nicht fremd.

Man sieht, die Frage, ob das Steinzeug von Raeren und seiner Umgegend deutsch ist oder niederländisch, ist nicht so einfach und zu allseitiger Zufriedenheit wohl überhaupt nicht zu lösen. Wer nicht die deutsche Abstammung der Bewohner, sondern ihre politische Zugehörigkeit als maßgebend betrachtet, dem muß es unbenommen bleiben, ihre Werke dem niederländischen oder dem spanischen Kunstgewerbe anzugliedern.

Das Hineintragen nationaler und örtlicher Eitelkeit hat für die kunstgeschichtliche Behandlung des Steinzeugs üble Folgen gehabt. Mit dem Entschluß, das Raerener Töpfergewerbe als niederländisch vom rheinischen abzulösen, verband sich bei den beiden schriftstellernden Vorkämpfern Raerens H. Schuermans in Lüttich und dem Kaplan Schmitz in Raeren sofort der Wunsch, alle Ehren auf Raeren zu häufen, alle namhaften Stücke unbestimmter Herkunft für Raeren zu beanspruchen und die künstlerische Bedeutung der unanfechtbar deutschen Krüge herabzudrücken.[1]

Die Arbeiten des Kaplans Schmitz, reich an gewagten Behauptungen und arm an Gründen und Beweisen, wurden von D. A. van Bastelaer scharf zurückgewiesen, soweit sie das wallonische Steinzeug von Bouffioulx und Chatelet betrafen.[2] Von deutscher Seite aber ward ihnen keine Erwiderung zu Teil.

Heute sind diese eifernden Schriften von Schuermans und Schmitz veraltet und in Vergessenheit geraten. Aber sie haben an einer Stelle fortgewirkt, die man nicht unbeachtet bei Seite schieben kann. Da ihre falsche Beurteilung der Krüge aus Siegburg und dem Westerwald unberichtigt geblieben wàr, ist sie samt vielen dadurch bedingten Irrtümern in das 1892 erschienene Werk von M. L. Solon „The ancient Art Stoneware of the Low Countries and Germany, or Grès de Flandre and Steinzeug" übergegangen. Das ist die einzige umfaßende Darstellung der alten Steinzeugtöpferei geblieben. Solon hat nicht nur die Raerener Arbeiten der niederländischen oder flandrischen Kunst zugewiesen, er unterscheidet sogar scharf zwischen einem flämischen und deutschen Stil im Steinzeug des Rheinlands,[3] wobei sein Wohlwollen ganz entschieden dem ersteren gehört. Die Durchführung dieses Gegensätzes führte zu einem im Ganzen wie im Einzelnen sehr verkehrten

---

[1] Vgl. H. Schuermans, Mille Inscriptions des Vases de Grès dit Flamand. Antwerpen 1885. — Derselbe „Grès Flamands, Limbourgeois et Liègeois" im Bulletin des Commissions Royales d'Art et d'Archéologie, XVIII, S. 243. Brüssel 1879. — Ferner Schmitz, Grès Limbourgeois de Raeren, in demselben Bulletin Band 18, 19, 20, 21. — Derselbe „Die Raerener Kunsttöpferei und ihre Fabrikate" in der Zeitschrift für die gesamte Thonwarenindustrie. Braunschweig 1878.

[2] Vgl. Bastelaer im Bulletin des Comm. Royales d'Art et d'Archéologie 1881, XX. S. 127.

[3] Solon I, S. 33.

Bild des Entwicklungsganges der rheinischen Töpferei und von den Beziehungen der verschiedenen Betriebsorte zu einander. Wie unhaltbar die Betonung eines besonderen flämischen Stils der Raerener Töpfer im Gegensatz zum deutschen Stil der Siegburger, Cölner und Westerwälder Kannenbäcker ist, das hat Solon selbst unbewußt aber deutlich gezeigt. Um die Ueberlegenheit der flämischen Töpfer über ihre deutschen Genossen darzulegen, wählte er als Beispiele einige Krüge, die er nur wegen ihrer künstlerischen Vorzüge als Raerener Arbeiten ansah,[1]) während spätere Ausgrabungen mit voller Sicherheit erwiesen haben, daß grade diese vermeintlichen Musterstücke des flämischen Stils in Cöln und Grenzau gemacht sind.

Solon hatte, den Vorarbeiten von Schmitz und Schuermans vertrauend, Raeren nicht nur künstlerisch, sondern auch zeitlich in den Vordergrund gestellt, obwohl Raerener Kunstkrüge der Frühgotik und Frührenaissance nicht vorhanden sind. Demgemäß war ihm Cöln-Frechen, wo man ebenfalls mit brauner Glasur arbeitete, ein späterer Ableger des Raerener Gewerbes. Den Beginn der Kannenbäckerei des Westerwaldes schob Solon weit in das 17. Jahrhundert hinein, weil ihm die Scherbenfunde aus Grenzau, Höhr und Grenzhausen nicht bekannt waren. Dadurch mußte der beste Teil der Westerwälder Arbeiten der Hochrenaissance aus dem Ende des 16. und dem Anfang des 17. Jahrhunderts noch Raeren zufallen.

Das äußerlich so schöne Buch Solons wird, wenn auch die Grundzüge der geschichtlichen Darstellung und die Verteilung der Denkmäler auf die verschiedenen Betriebsorte verfehlt sind, immer seinen Wert behalten, denn dank der ausgezeichneten Bilder des Verfassers, welche die derbe Kraft des Steinzeugs treffend wiedergeben, ist das Buch selbst ein Kunstwerk geworden. Je höher man aber seinen Kunstwert einschätzt, um so mehr ist es erwünscht, ihm eine sachlich berichtigende, nur auf dem unparteiischen Zeugnis der Denkmäler und Urkunden beruhende Geschichte des rheinischen Steinzeugs nachfolgen zu lassen.

Seit Solon sein Buch herausgab, sind auch neue Tatsachen genug bekannt geworden, die eine Wiederaufnahme der Untersuchung rechtfertigen. Dies sind, von mancherlei Einzelstücken abgesehen, das 1897 aufgedeckte Ausschußlager einer Kunsttöpferei in der Maximinenstraße zu Cöln, dessen Bestand im Kunstgewerbemuseum der Stadt Cöln geborgen wurde, und ferner die Ausgrabungen im Westerwald, deren Ergebnisse vornehmlich in der Sammlung Zais in Cöln und in der Sammlung Dümler zu Höhr vereinigt sind Ueber den Zeitpunkt, wann der Kunstbetrieb im Westerwald durch zugewanderte Meister eingeführt worden ist, bringen Urkunden, die Ernst Zais aufgesucht, aber noch nicht veröffentlicht hatte, neue Aufklärung.

Der Aufstieg des Steinzeugs vom einfachen Gebrauchsgeschirr zu kunstvoll verzierten Krügen, der mit dem Uebergang von der Gotik zur Renaissance zusammenfällt, hat nicht von dem ländlichen Betrieb Raerens seinen Ausgang genommen, sondern er vollzog sich zuerst in Cöln, dem Mittelpunkt des rheinischen Kunstlebens, und in dem alten, mit Cöln durch geschäftliche Beziehungen eng verbundenen Gewerbe der Siegburger Eulnerzunft.

Erst in der zweiten Hälfte des 16. Jahrhunderts, als die Hochrenaissance schon den Stil Aldegrevers verdrängte, begann Raeren die Errungenschaften von Cöln und Siegburg mit Erfolg sich anzueignen. Es dauerte nicht lang, so stand Raeren auf eigenen Füssen

---

[1]) Solon I S. 199, II S. 98.

und konnte der fremden Hilfe entbehren. Daß es dann in raschem Aufschwung die Vorläufer in mancher Hinsicht überflügelte, verdankt es vornehmlich der Begabung seines bedeutendsten Meisters Jan Emens.

Die Uebersiedlung von Raerener Meistern nach Grenzau und Grenzhausen und von Siegburgern nach Höhr, die den Kunstbetrieb im Westerwald aufrichteten, fällt nicht erst in das 17. Jahrhundert, in die Zeit des Niedergangs von Raeren und Siegburg, sondern nachweislich noch in das Ende des 16. Jahrhunderts. Die Mennicken und Kalb von Raeren und die Knütgen von Siegburg sind mitten aus der Blütezeit ihres heimischen Betriebes heraus abgewandert, mitsamt ihren Formenbeständen, und sie haben in ihren neuen Wohnsitzen dieselben und gleichwertige Werke geschaffen, wie in ihrer alten Heimat. Und bald folgten die alt angesessenen Töpfer des Westerwalds, die bis dahin schmuckloses Geschirr und schlichte Sauerwasserkruken gemacht hatten, dem Beispiel der fremden Meister. So entstanden vor und nach 1600 im Westerwald weiße Krüge und graue mit Blaufärbung, die zum Teil den Siegburger und Raerener Arbeiten zum Verwechseln ähnlich sind.

Das wallonische Steinzeug vom deutschen, das hessische, fränkische und sächsische vom rheinischen auseinander zu halten, macht keine Schwierigkeit. Auf eine in allen Fällen sichere Unterscheidung der Raerener Krüge von den Westerwäldischen aber muß man verzichten.

Daraus folgt, daß man aus einer Geschichte des rheinischen Steinzeugs den Betrieb von Raeren unmöglich ausschalten kann. Er muß mit einbezogen werden, nicht weil Raeren heut im Rheinland liegt, sondern weil seine Töpferei mit der von Cöln, Siegburg und dem Westerwald durch tausend Fäden unlösbar verknüpft ist. Das Hin und Her des gegenseitigen Musteraustausches, das Wandern und Uebersiedeln der Meister, die Formenübertragung von einem Platz zum andern binden die gesamte Krugbäckerei des Rheinlands zu einer Einheit fest zusammen.

II. DIE HERSTELLUNG DES STEINZEUGS

A. DIE MASSE

Das Steinzeug wird aus natürlichem Pfeifenton gearbeitet, der einem starken Feuer so lang ausgesetzt wird, bis er sintert, das heißt, bis er dicht und für Flüssigkeiten undurchlässig wird. Gargebrannt übertrifft er die bleiglasierten Irdenwaren, die zinnglasierten Fayencen und deren Abarten an Härte und ist mit dem Stahl nicht ritzbar.[1]

Nicht jede bei den Betriebsorten lagernde Tonart ist ohne weiteres für Steinzeug tauglich. Um die dem Steinzeug eigentümliche Salzglasur anzunehmen und gut zu entwickeln, muß der Ton einen beträchtlichen Gehalt an Kieselsäure, das heißt an reinem Quarzsand besitzen. Dazu ist oft eine Mischung fetten Tons mit mageren, sandreichen Arten nötig. Die Art des Brennens in großen liegenden Flammöfen, die viele Hunderte von Geschirren aufnehmen, hatte die Verwendung mehrerer Tonarten von verschiedener Schmelzbarkeit zur Voraussetzung. Die zu brennenden Geschirre wurden im Ofen ohne Schutzkapseln über einander aufgestapelt, sodaß der Hals der unten stehenden Gefäße den Boden der darauf gesetzten trägt. In der Weißglut des Garbrandes wird die Masse wachsweich und biegsam. Da das Feuer von unten nach oben fortwirkt, erhalten die unteren Geschirre viel stärkere Hitze, als die oberen. Damit die ersteren die Last des ganzen Stapels aushalten, wählten die Krugbäcker für die unteren Reihen einen schwer schmelzbaren, hartbäckigen Ton, dann einen mittleren und schließlich einen weichbäckigen, den die geringere Hitze oben im Ofen gar brannte. Diese Tonsorten sind nicht nur im Rohzustand, sondern auch gebrannt in der Farbe etwas verschieden. Die bald helle, bald dunkle, bald bläuliche, bald gelbliche Masse ist daher für die Herkunftsbestimmung zweifelhafter Stücke nur ein sehr schwaches Hilfsmittel.

---

[1] Ueber die Steinzeugtechnik vgl. Hubert Schiffer aus Raeren, Die alte und neue Kunsttöpferei Raerens, Aachen 1887. Ferner: Heinrich Meister in Höhr, Plaudereien aus dem Kannenbäckerland; im Westdeutschen Gewerbeblatt 1884, II S. 10 und 79.

B. DIE GEFÄSSBILDUNG

Zunächst wird der im Tagbau oder aus Gruben gewonnene Ton getrocknet, in einer sauberen Kuhle gesumpft, geschlagen, geschnitten und so lange bearbeitet, bis die Masse durchaus gleichmässig und von Fremdkörpern befreit ist. Dann folgt das Aufdrehen oder Aufziehen des Gefäßes aus dem Tonklotz durch den „Wirker". Die Krugbäckerei hat dafür nicht die sonst übliche Töpferscheibe verwendet, die der Töpfer mit den Füßen antreibt, während er mit den Händen arbeitet, sondern ein schweres eisernes Rad, das mit tief-liegendem Schwerpunkt auf einer im Boden der Wirkstube feststehenden Achse, der Rad-stange wagrecht drehbar aufgehängt ist. Oben auf der Nabe des Wirkrades ruht der Scheibenkopf, auf dem die Gefäße geformt werden. Das Rad muß vor dem Beginn der eigentlichen Töpferarbeit mit einer Stange in Drehung versetzt werden. Das bedingt eine öftere Unterbrechung der Töpferarbeit, die aber ·durch einen Vorzug des Rads vor der Töpferscheibe wett gemacht wird.

Abb. 1. Raerener Susannenkrug von Engel Kran. 1584. KGW. Museum Cöln.

Das Rad ist in eine kreisrunde Grube so tief eingesenkt, daß der Radring unter der Diele der Wirkstube läuft und der Scheibenkopf noch unter der Kniehöhe des sitzenden Wirkers bleibt. Er hat daher seine Arbeit unter sich und kann seine Kraft besser· ausnützen und größere Gefäße auf-ziehen, als der Dreher an der Töpferscheibe, dem der Scheibenkopf bis zur Brust hinauf reicht. Die besondere Art des Drehens auf dem Rad ist daher auf die Gefäßformen des Steinzeugs nicht ohne Einfluß gewesen.

Beim Aufziehen des Gefäßes arbeitet der Wirker mit der linken Hand von Innen, mit der rechten von außen her erst die un-gefähre Form, die dann durch außen angehaltene dünne Profilhölzer, die Wirkspäne, im Einzelnen vollendet wird. Die Sammlung Zais hat einige hundert solcher Hölzer aus alten Westerwälder Töpferhäusern in das Cölner Kunstgewerbemuseum gebracht.

Wenn der Ton sehr plastisch ist, wie das bei den grauen Krügen von Raeren· und namentlich des Westerwaldes zutrifft, so wurden die meisten Krüge in einem Aufzug fertig gedreht. Der rote Raerener Ton, der vermöge seines Eisengehaltes im Brande während des Glasierens die schöne braune Farbe entwickelt, war weniger plastisch und standhaft. Da die Rücksicht auf die Farbe eine Mischung mit plastischen Tonsorten nicht duldete,

Abb. 2. Raerener Susannenkrug von Peter Emeus.   Abb. 3. Westerwälder Kanne, 1595
        1585. KOW. Museum Cöln.   mit Sattelhenkel.

sind die größeren braunen Krüge von Raeren, insbesondere solche mit starker Ausladung des Körpers und mit kräftiger Gliederung, in der Regel aus mehreren Teilen — dem Fuß nebst Bodenstück, dem Bauch und dem Schulterstück — zusammengesetzt.

Die aufgedrehten Krüge werden mit einem Draht vom Scheibenkopf abgeschnitten. Man hat das Vorkommen oder Fehlen der dadurch hervorgerufenen konzentrischen Linien auf der Unterseite der Gefäße für die Ortsbestimmung verwertet. Am Steinzeug aus Cöln-Frechen sind solche Linien häufig zu sehen, oft aber auch nicht. In Raeren fehlen sie jedenfalls gänzlich; da die Raerener Pottbäcker aus einem Klotz mehrere Krüge zu drehen pflegten, schnitten sie den fertigen Krug vom Tonklotz, nicht unmittelbar vom Scheibenkopf ab. Die Unterseite wurde deshalb noch besonders geglättet und beschnitten. Diese Unvollkommenheit verschwindet aber in Raeren mit der Blütezeit, bald nach 1570. Eine glatte Unterseite ohne Linien haben aber auch die Westerwälder Krüge, so daß grade für die schwierigste Unterscheidung zwischen Raeren und dem Westerwald nichts gewonnen ist. Die Siegburger Schnellen haben auch geglätteten Boden; er ist aber in der Regel nicht flach gelassen, sondern leicht nach innen gewölbt.

Nach halbtägigem Trocknen waren die Gefäße lederhart und widerstandsfähig genug, um das Ansetzen von Henkeln oder Schnuten und die weitere Verzierung aushalten zu können.

Das Henkeln war meist Frauenarbeit wie das Blaufärben der Krüge. In der Art, wie die Henkel unten an das Gefäß sich anlegen, sind örtliche Unterschiede zu bemerken, die gelegentlich die Feststellung des Herkunftsortes erleichtern können. In Raeren laufen die Henkel nach unten zumeist in eine lange, fest angestrichene und manchmal durch Fingerdruck etwas gewellte Spitze aus (Abb. 1). Diese Form ist weder in Cöln-Frechen, noch im Westerwald üblich gewesen. Nur in Siegburg kommt der spitze Henkelabstrich zeitweilig vor. Bei sehr großen oder bei besonders sorgfältig gearbeiteten Raerener Krügen ist der Henkelschwanz auch zu einer Spirale aufgerollt (Abb. 2). In Cöln-Frechen haben die Henkel der Kunstkrüge, wenn sie nicht glatt in die Fläche verstrichen sind, eine wagrecht abgeschnittene breite Endung. Im Westerwald wurde das Henkelende hinauf geklappt und etwas eingedrückt, sodaß eine Art Sattel entsteht (Abb. 3). Diese Sattelform ist allerdings auch Raeren nicht ganz fremd; sie tritt dort an braunen und grauen Krügen gegen Ende des 16. Jahrhunderts vereinzelt auf und ist vielleicht von den Mennicken im Westerwald eingeführt worden. Hier ist der Sattel für die besser ausgestatteten Renaissancekrüge um 1600 die vorherrschende Form geblieben. Später kommen nachlässig aufgerollte oder glatt verstrichene Henkelansätze auf.

C. DIE VERZIERUNG

Da die Maße, der Brand und die Glasur des Steinzeugs einer vielfarbigen, gemalten Scharffeuerverzierung hinderlich sind, ging die Krugbäckerei schon frühzeitig auf plastischen Schmuck aus. Das beginnt im Mittelalter mit freihändig aus der weichen Maße gekniffenen, sehr unbeholfenen Gesichtern; die Spätgotik fügt dann zu Anfang des 16. Jahrhunderts aus tönernen Hohlformen ausgedrückte Reliefauflagen hinzu. Dieses für Figuren und für Ornamente gleicherweise geeignete Hilfsmittel hat die Renaissance weiter ausgebildet und mit besonderer Vorliebe benützt.

Ueber den technischen Vorgang geben die Krüge selbst und die in Siegburg, Raeren und dem Westerwald massenhaft gefundenen Tonformen vollständigen Aufschluß. Da die Frage der vermeintlichen Arbeitsteilung zwischen Töpfern und Formstechern später eingehend zu untersuchen sein wird, genügt hier eine kurze Erläuterung.

Die Figuren und Ornamente, die in umlaufenden Friesen oder Leisten, als Hochfüllungen, Rundbilder, Masken, Wappenschilder oder dergleichen den Krügen aufgelegt werden sollten, wurden von den dazu ausreichend geschulten Töpfern in fingerdicke Platten weichen Tons vertieft eingestochen (Abb. 4). Als Vorlagen dienten, wenn die eigene Erfindung und Zeichenkunst des Töpfers nicht ausreichte, Kupferstiche und Holzschnitte, viel seltener Plaketten und verwandte plastische Modelle. Unmittelbare Abformungen von Metallplaketten kommen nur vereinzelt vor, weil die reiche und fein abgestufte Reliefbildung der Plaketten zur unveränderten Wiedergabe im Steinzeug wenig geeignet war.[1] Wie

---

[1] Als die besten Beispiele sind zu nennen: Eine Siegburger Kanne von Christian Knütgen im Britischen Museum, belegt mit scharfen Abdrücken der Jagdplaketten nach Holzschnitten des Hans Bocksperger; vgl. Tafel IX. — Zwei Flachkrüge der Sammlung von Heyl in Worms, belegt mit Abdrücken der Bleiplaketten des Meisters H. G.; vgl. Abb. 99 und 100.

Abb. 4. Tonhohlformen aus Raeren, Siegburg, Grenzau. KGW. Museum Cöln.

schwächlich und verschwommen eine Bleiplakette in stark glasiertem Tonabdruck herauskommt, ist an einem sonst sorgfältig gearbeiteten Flachkrug im Cölner Kunstgewerbemuseum (Abb. 5) zu sehen.

Die Hohlformen oder Tonmatrizen brannte man soweit, daß sie zwar hart und dauerhaft wurden, aber noch durchlässig und stark saugend blieben. Glasierte Matrizen, die sich in Raeren zuweilen gefunden haben,[1]) sind vielleicht nur versehentlich während des Garbrandes im Ofen geblieben, denn für den praktischen Gebrauch waren sie verloren; vielleicht auch sollten sie als dauerhafte Musterstücke dienen.

In die Matrizen wurden dünne Streifen nassen weichen Tons eingedrückt. Sie konnten die Form genau ausfüllen, da die saugende Matrize das austretende Wasser aufnahm. Die Bilder und Schriften der Matrizen sind im Gegensinn der Vorlagen eingetieft; die Tonabdrücke auf den Krügen geben die Muster daher rechtläufig wieder.

Mit Hilfe der Matrizen legte der Töpfer die auf der Rückseite mit Schlicker klebend gemachten Tonabdrücke auf das lederharte Gefäß auf. Er mußte vorsichtig darauf achten, daß sie fest und bündig sich anschmiegten, denn Luftblasen zwischen der Gefäßwand und den Auflagen hatten im Brand das Abspringen der letzteren zur Folge. · Die Brüchlingslager haben gezeigt, wie oft dieser Schaden eintrat.

---

[1]) Beispiele aus der ehemaligen Sammlung Josef Mennicken im Cölner Kunstgewerbemuseum.

Abb. 5. Grauer Flachkrug mit Abdruck einer Bleiplakette. Westerwald um 1600 KGW. Museum Cöln.

Die neuzeitliche Steinzeugtöpferei, welche die reliefierten Krüge in einheitlichen, über einem fertigen Modellkrug genommenen Gipsformen herstellt, braucht mit diesen Schwierig-keiten weniger zu rechnen. Dafür hatte die alte Arbeitsweise mit losen Matrizen den großen Vorzug, daß der Krugbäcker seinen Formenschatz vielfältiger ausnutzen, die einzelnen Leisten bald am Bauch bald am Hals der Krüge in wechselnder Zusammenstellung ver-werten konnte.

Abb. 6. Tonpatrizen, Westerwald um 1600. KGW. Museum Cöln.

Patrizen, das heißt Formen oder Modelle, welche das Muster erhaben tragen, waren wie man sieht für die alte Krugarbeit nicht unbedingt von Nöten. Sie haben sich trotzdem in Siegburg wie in Raeren und im Westerwald vorgefunden, allerdings viel seltener als die Matrizen (Abb. 6 und 7). Sie sind aus den ersten Matrizen in Ton abgeformt, nur mäßig verglüht und ergaben möglichst scharfe, wenig geschwundene und durch keine Glasur abgestumpfte Abdrücke der Originalmatrizen. Ihr Zweck war, eine bequeme Vervielfältigung der Matrizen zu ermöglichen.

Die Blütezeit kannte für aufgelegten Reliefschmuck nur die Tonformen der beschriebenen Art. Erst gegen Ausgang des 17. und im 18. Jahrhundert ist auch Sandstein zu diesem Zweck verarbeitet worden.[1] Aus welchem Grund ist nicht recht ersichtlich. Denn das

Abb. 7. Grenzauer Tonpatrize, um 1620. KGW. Museum Cöln.

Einstechen der Muster in Stein war mühsamer und das Ergebnis ist keineswegs besser als bei den Tonformen. Die besten Sandsteinformen, zumeist aus Höhr und Grenzhausen, sind in der Sammlung Zais zusammengetragen. (Abb. 8).

Im letzten Viertel des 16. Jahrhunderts und späterhin, solange noch die Spätrenaissance das Steinzeug beherrschte, blieben die aufgelegten Bilder selten der alleinige Schmuck reich ausgestatteter Krüge.

---

[1] Die datierten Westerwälder Steinmatrizen der Sammlung Zais beginnen mit dem Jahr 1688. Die Sammlung Dümler in Höhr besitzt allerdings eine Siegburger Sandsteinform im Stil des 16. Jahrhunderts, ein ganz vereinzeltes Vorkommen.

Die gewölbten Flächen über dem Fuß und auf der Schulter erhielten senkrecht laufende Profile, dicht oder weit gestellte Hohlkehlen und Rippen, oder sie wurden mit kerbschnittartiger Netzmusterung versehen (Abb. 9 und 10). Es ist nicht überliefert, wie diese Verzierungen, welche die architektonische Gliederung der Gefäßformen stärker betonten, genannt worden sind, noch auch, mit was für Werkzeugen man sie ausführte. An vielen sorgfältig gearbeiteten Krügen ist deutlich zu sehen, daß die Kehlen und die Durchbrechungen der Profile freihändig geschnitten sind. In anderen Fällen, meist des 17. Jahrhunderts, sind

Abb. 8. Westerwälder Sandsteinformen, 17. und 18. Jahrhundert. KGW. Museum Cöln.

die Netzmuster verflacht und anscheinend mit Hilfe feilenartiger Formen aufgebracht. Doch hat sich in einzelnen Betrieben des Westerwalds, insbesondere beim Höhrer Weißgeschirr, die Kunst scharf gekerbter Netzbildung bis spät in das 18. Jahrhundert lebendig erhalten.

Der Ausdruck „geschnitten und gedruckt Werk" im Siegburger Zunftbrief von 1552 kann sich nur auf den aus geschnittenen oder gestochenen Hohlformen aufgedruckten Reliefschmuck beziehen, nicht aber auf das Auskehlen, Rippen und Kerben mit Netzmustern, wie man angenommen hat. Denn diese letzteren Ziermittel waren 1552, zur Zeit der Frührenaissance des Steinzeugs, noch unbekannt. Das Ausstechen der Tonmatrizen dagegen haben die Krugbäcker des 16. Jahrhunderts in der Tat Schneiden oder Ausschneiden genannt. Das ergibt sich aus der in vielen Spielarten vorkommenden Inschrift der zahlreich erhaltenen Raerener Susannenkrüge aus den Werkstätten der Emens und der Kran „DIT IS DIE SCHONE HISTORIA VAN SUSANNA INT KORTE. VYTGESNEIDEN

Abb. 9.   Abb. 10.

Westerwälder Krüge um 1595, gekehlt und genetzt. KGW. Museum Berlin.

ANNO 1583 IEM". Ebenso heißt es auf einem Raerener Wappenkrug von 1584[1]) „DIT SENT VEIR WAPEN VAN DEI ERSTE DER WERET. ALHEI EIT GESCHNEIDEN 1584 W. K. H. K."

Eine Erfindung der Spätrenaissance, die sich in Raeren kaum vor das letzte Jahrzehnt des 16. Jahrhunderts zurück verfolgen läßt, sind die mit scharfen Stempeln in die glatt gebliebenen Flächen der Schulter und des unteren Ablaufs eingedrückten Linienmuster (vgl. Abb. 3). Im 16. Jahrhundert überwiegen Arabeskenranken und palmettenartige Bildungen, später Rosetten, Sterne, Herzen, Blätter und zuweilen auch Tiere. Für solche linearen Flachornamente dienten scharfkantig zugeschnittene petschaftförmige Stempel aus Buchsholz, ausnahmsweise auch aus glasiertem Steinzeug. Wiederum ist es die Sammlung Zais, die den größten Vorrat solcher Petschafte bewahrt (Abb. 11).

Die Cölner Krugbäcker kannten die Stempelmuster noch nicht und die Frechener haben auch im späteren Betrieb um 1600 nicht viel damit anzufangen gewußt. Die Raerener Krüge bleiben während der besten Zeit der braunen Ware frei von den gestempelten Verzierungen. Sie erscheinen dort zuerst nach 1585 in den Mennickenwerkstätten, als neben

---

[1]) Museum Christiania, Sammlung Hetjens, Katalog Minard.

Abb. 11. Westerwälder Buchsholzstempel für eingepreßte Linienmuster. KGW. Museum Cöln.

den braunen Krügen das graue Steinzeug mit Blaufärbung aufkommt. Sie gingen dann auch auf die braunen Krüge über, haben aber ihre reichste Verwendung immer auf der grauen Ware gefunden. Mit dieser ist die Stempelung noch im 16. Jahrhundert nach dem Westerwald gewandert. In Siegburg waren Stempelmuster schon um 1570 in Brauch, aber nur in einer einzigen Werkstatt; allgemein üblich wurden sie auch hier erst gegen Ende des 16. Jahrhunderts.

Die Stempelmuster blieben in Raeren ein dem Reliefschmuck zumeist untergeordneter Zierrat. Trotzdem verdienen sie grade bei den braunen Raerener Krügen aus den Jahren um 1600 einige Beachtung, weil sie gelegentlich in unscheinbarer Form die Anfangsbuchstaben der Töpfernamen enthalten.[1]

Zu den Stempeln, wenn auch nicht zum Zierrat, sind noch jene Buchstaben zu rechnen, die in Raeren ziemlich selten, im Westerwald sehr häufig oben auf den Henkeln tief eingedrückt erscheinen. Es sind in der Regel einzelne Kapitalbuchstaben — am häufigsten ist das M der Mennicken von Raeren und Grenzhausen —, die den Anfang des Meisternamens oder des Ortsnamens angeben und somit die Gattungsbestimmung erleichtern. Manchmal stehen zwei oder drei Buchstaben nebeneinander, wie zum Beispiel auf einer Pinte des Clunymuseums L M G, das heißt Leonhard Mennicken Grenzhausen.[2] Die Henkelstempel sollten nicht nur eine Töpfermarke sein, sondern ihr praktischer Hauptzweck war, der Zinnfassung, an welcher der Zinndeckel drehbar ist, ein festes Einwurzeln zu ermöglichen.

Je mehr im Verlauf der zweiten Hälfte des 17. Jahrhunderts und der Folgezeit im Westerwald die aufgelegten Reliefzierraten verflachten und verkümmerten, um so mehr wurde hier die Stempelung ein Hauptmittel der Steinzeugverzierung. Man ging in der Barockzeit dazu über, die mit Buchspetschaften eingedrückten Rosetten, Sterne, Palmetten und dergleichen durch freihändig eingeritzte, rankenartige Linienzüge zu verbinden. (Abb. 12.) Solchen teils gestempelten, teils geritzten Mustern verdankt das späte Westerwälder Steinzeug seine besten Erfolge. Diese Ornamente haben den Vorzug, daß die gefurchten Umrisse der Zeichnung

---

[1] Beispiele: Im Kunstgewerbemuseum zu Brüssel, Inv. No. 697 brauner Kurfürstenkrug von 1602, gestempelt I B, das heißt Jan Baldems. — Reichsmuseum Amsterdam, Susannenkrug von Engel Kran, gestempelt E K. — Kgl. Altertumsmuseum Stuttgart, Wappenkrug von 1604, gestempelt I F., wahrscheinlich Jan Faß Mennicken. — Sammlung Frohne Kopenhagen, blauer Kurfürstenkrug um 1605, gestempelt B. M. — Sammlung A. v. Oppenheim in Cöln, zwei blaue Flachkrüge von 1602, gestempelt T. W. K., aufzulösen Tilman Wolf Kannenbecker.

[2] Aus Grenzauer Grabungen enthält die Sammlung Zais Henkel mit den Stempeln H F, V, A, C, I L M; aus Grenzhausen G. Weitere Beispiele: I M auf einer Kanne im Schloß Rheinstein, H W im Clunymuseum, M V in Louvre, I M G im Prager Kunstgewerbemuseum.

4*

die blau oder violett gefärbten Flächen scharf umgrenzen und ein Verfließen der Farben in die grauen Flächen besser verhindern, als das bei den gebläuten Reliefkrügen der Fall zu sein pflegte. Das Ritzen hieß „Redmachen" und war im Westerwald bis ins 19. Jahrhundert den Frauen vorbehalten.

D. FÄRBUNG, BRAND, GLASUR

Die Farbigkeit des rheinischen Steinzeugs ist durch das hohe Scharffeuer beschränkt, denn die im Muffelofen aufgebrannten bunten Schmelzfarben der Kreussener Krüge sind dem Rheinland fremd geblieben. Man muß hier zwischen einer natürlichen und einer

Abb. 12. Westerwälder Teller um 1800, geritzt und gestempelt. KGW. Museum Cöln.

künstlichen Färbung des Steinzeugs unterscheiden. Die erstere ergibt die einheitlich braune Glasur der Cölner, Frechener und Raerener Krüge, die letztere umfaßt die Ausstattung der grauen Geschirre mit stellenweis aufgetragenem Kobaltblau und Manganviolett. Auf braunem Steinzeug ist die Kobaltfärbung seltener und nur mit mäßigem Erfolg ausgeführt worden, desgleichen auf dem weißen Siegburger Steinzeug.

Die Braunfärbung ist gut nur auf Geschirren aus solchen Tonsorten zu erzielen, die einen beträchtlichen Eisengehalt besitzen. Sie entsteht auf der Oberfläche unter der

Flammenwirkung, bedarf aber zu ihrer vollen saftigen Entwicklung des Hinzutritts der Salzglasur. Ohne diese bleibt das Braun mager, stumpf und glanzlos. Zum guten Gelingen war eine geschickte Brandleitung erforderlich; die oft wiederholte Behauptung, daß das Einlassen von Rauch, namentlich aus Birkenholz, ein notwendiges Hilfsmittel sei, beruht weder auf alter Ueberlieferung, noch ist sie durch neuzeitliche Erfahrung bestätigt worden. Der rote Ton von Raeren war augenscheinlich für braunes Steinzeug am besten geeignet; das gleichmäßig kräftige und satte Kastanienbraun der Raerener Kunstkrüge des 16. Jahrhunderts ist in Cöln-Frechen nicht sehr oft in gleicher Schönheit herausgekommen. Die Frechener Töpfer haben, da ihr Steinzeug vielfach zu gelben, fleckigen Färbungen neigte, künstlich nachgeholfen, indem sie durch Eintauchen oder Bestreichen der Krüge mit dünnem eisenhaltigen Lehm oder durch ähnliche Mittel die Braunfärbung verstärkten. Das ist bei sehr vielen Frechener Geschirren an der scharfen Abgrenzung der braunen Farbe und an ihrem Ablaufen über ungefärbte Stellen deutlich zu sehen. Der Raerener Ton scheint solche Nachhilfe weniger oft nötig gehabt zu haben, doch ist es schwierig zu erkennen, wo sie stattgefunden hat und wo nicht.

Auf manchen Cölner und noch häufiger auf Frechener Gefäßen ist die braune Glasur mit grauen oder helleren Stellen dicht gesprenkelt, eine Erscheinung, die durch reichliches Salzen absichtlich gefördert und zum alleinigen Schmuck glatter Krüge ausgebildet wurde.

Auf die Ausführung der Blaufärbung hat die Renaissance nur wenig Kunst und Sorgfalt verwendet. Die Kobaltsmalte wurde ziemlich dick mit dem Pinsel aufgetragen, und nachdem das Wasser daraus aufgesaugt war, von den Stellen wieder abgewischt, wo sie nicht hingehörte. In der Regel soll das Blau bei den reliefierten Renaissancekrügen den Hintergrund der erhabenen Figuren oder Ornamente, die Hohlkehlen oder sonst vertiefte Flächen ausfüllen. Der Reliefschmuck der Renaissance war aber ursprünglich für die einfarbig braune Ware von Cöln und Raeren und für die weiße von Siegburg geschaffen worden. Er änderte sich auch nicht wesentlich, als nach 1582 das graue Steinzeug mit Blaufärbung aufkam und er nahm auf die Ansprüche der letzteren wenig Rücksicht. Das Relief bot der Kobaltfärbung keine sicheren Grenzen und da die Salzglasur die Kobaltsmalte in Fluß brachte, blieb sie selten auf den ihr zugedachten Stellen stehen. So kommt es, daß die Blaufärbung auf den Renaissancekrügen oft verschwommen erscheint, als ob sie regellos und nachlässig aufgebracht worden wäre. Das änderte sich erst bei den Arbeiten des 17. und 18. Jahrhunderts, als die Westerwälder Töpfer weniger auf plastische, als vielmehr auf farbige Wirkung ausgingen. Die blauen und grauen Stellen lagen nun in einer Fläche und die Furchen der Redmuster hielten sie mit voller Schärfe reinlich auseinander.

Das aus Braunstein gewonnene Manganviolett tritt erst um 1625 im Westerwald auf und wurde in gleicher Weise wie das Kobaltblau, nur etwas sparsamer verwendet.

Das Einsetzen der backfertigen Ware in den Ofen und die Leitung des Brandes war eine verantwortungsvolle Aufgabe, die den Meistern selbst oblag. Ein mißglückter Brand vernichtete die Arbeit von Wochen und die Kosten für Salz und Feuerung waren obendrein verloren.

Die alten Kannenöfen waren liegende Flammöfen bis zu zehn Meter Länge, die von der Feuerung an der einen Schmalseite bis zum Mundloch an der anderen mit beträchtlichem Gefäll anstiegen. An den Seiten und in der gewölbten Ofenkappe sind Zuglöcher und Salzlöcher zum Regeln des Feuerstromes und zum Einstreuen des Glasursalzes angebracht. Beim Einsetzen mußte die Tragfähigkeit der untenstehenden Gefäße berücksichtigt und darauf geachtet werden, daß die aufgestapelten Stöße auch beim Schwinden der Masse nicht das Gleichgewicht verloren. War die Einsatzöffnung vermauert, so begann das Vorfeuer zur Erwärmung des Ofen und zum völligen Austrocknen der Ware, dann folgte die Steigerung von der Rotglut bis zur Weißglut des Vollfeuers. Wenn die Weißglut im ganzen Ofen verbreitet war, wurden Korpöttchen (Probescherben), die beim Einsetzen in die Nähe der Zuglöcher gestellt waren, mit Eisenhaken herausgelangt und an Bruch und Fabre der Stand des Brandes ermittelt. Sobald die Ware gar wurde, schritt man zum Salzen. Von Zugloch zu Zugloch fortschreitend, warfen die Töpfer mit Eisenlöffeln das Salz — in Raeren bis 800 Pfund, im Westerwald 300 bis 400 Pfund — in die Glut, das sofort zerfließend und verdampfend den Ofen füllte. Die Glasur bildet sich durch Verbindung des Natriums mit der Kieselsäure des Tons. Mit dem Salzen ging der Brand, der im Westerwald 50 bis 60 Stunden dauert, dem Ende zu und nach drei oder vier Tagen der Abkühlung konnte der Ofen ausgenommen werden.

III. TÖPFER, FORMSCHNEIDER
UND HÄNDLER

Von größter Bedeutung für die Beurteilung der Kunstleistung der rheinischen Töpfer ist die Frage, ob sie die Formen für die Verzierungen ihrer Krüge selbst geschaffen haben oder ob sie dazu in der Tat, wie allgemein angenommen wird, die Hilfe von fremden Formschneidern, das heißt von berufsmäßigen und künstlerisch geschulten Modelleuren in Anspruch genommen haben.

Es handelt sich bei dieser Streitfrage nicht um die Erfindung der figürlichen Darstellungen und Ornamente, sondern nur um die plastische Ausführung der Matrizen und Patrizen.

Mit der Erfindung haben es die Krugbäcker der Renaissance ebenso gehalten, wie so viele ihrer Zeitgenossen auf anderen Gebieten des Kunstgewerbes, wie die Goldschmiede und Zinngießer, die Hafner und Kachelbäcker, die Holzschnitzer, Majolikamaler und Schmelzwirker. Obschon manche unter den Krugbäckern im Stande waren, Ornamente und wohl auch Figuren aus eigener Erfindung zu zeichnen, so haben doch auch die Besten von ihnen nicht gezaudert, den landläufigen und jedermann leicht zugänglichen Formenschatz nach Bedarf auszunützen, den die Kupferstecher und Holzschneider dem Handwerk als Vorlagen darboten.

An zahllosen Krügen läßt sich die Verwendung der Kupferstiche und Holzschnitte durch die ganze Renaissancezeit der Krugbäckerei verfolgen. · Die Cölner Töpfer haben vornehmlich aus dem Werk Heinrich Aldegrevers von Soest ihre Vorlagen geholt, um über die handwerksmäßigen Rankenmuster der Gotik hinauszukommen und an die neue Kunst der Frührenaissance Anschluß zu gewinnen. Die Siegburger zogen während der Hochrenaissance noch die Stiche der Beham und Virgil Solis, weiter die Wappenbücher des letzteren und des Jost Amman, dann die Ornamentstiche von Theodor de Bry heran. Die Raerener Meister konnten bereits aus zweierlei Quellen schöpfen. Sie haben einerseits

Cölner und Siegburger Krüge mit Bildern nach Flötner, Beham, Virgil Solis nachgebildet, auch mit Vorliebe Siegburger Hohlformen, die ihnen wahrscheinlich von Krughändlern zugetragen wurden, unmittelbar weiter verwendet. Andrerseits arbeiteten sie nach Kupferstichen der Hoch- und Spätrenaissance, von Cornelis Bos, Balthasar Sylvius, Adriaen Collaert, Abraham de Bruyn und Konrad Golzius, die in Siegburg nicht benutzt worden sind.

Der Westerwälder Kannenbäckerei waren durch die zugewanderten Meister Siegburger und Raerener Renaissanceformen so reichlich überkommen, daß sie nur wenig Anlaß hatte, bei den Kupferstechern nach neuen Anleihen zu suchen. Für die geritzten und gestempelten Ornamente der Spätzeit gab es keine von außen herbeigeholten Vorlagen; sie sind im Töpfereibetrieb selbst entstanden.

So häufig im rheinischen Steinzeug die Darstellungen nach Stichen und Holzschnittbüchern sind, so steht ihnen doch eine beträchtliche Zahl figürlicher Bilder und Ornamente gegenüber, für welche wir keinerlei Vorlagen nachweisen können. Das gilt vor Allem für Siegburg mit seinem unendlichen Reichtum kleiner runder Reliefbilder meist biblischen Inhalts, die den Trichterbechern und rundbauchigen Kannen aufgelegt wurden, dann auch für Cöln und Raeren. In diesen Fällen darf man doch vielfach eigene Zeichnung der Töpfer voraussetzen. Es liegt kein Grund vor, ihnen jegliche Fähigkeit zur freien Erfindung geeigneter Darstellungen und Ornamente abzustreiten, wie das geschehen ist.[1]) Geht doch auch bei den Goldschmieden, Kachelbäckern, Holzschnitzern selbständige Erfindung und Vorlagenbenutzung neben einander her. Man darf nicht vergessen, daß der Meisterschaft des Kannenbäckers eine gründliche Schulung vorausging. Die von den Siegburger und Westerwälder Zunftordnungen festgesetzte Lehrzeit dauerte sechs Jahre, das ist ebensolang, wie sie die Maler und Glasmaler in Cöln durchzumachen hatten.

Dabei ist zu beachten, daß jeweils nur eine geringe Zahl von Meistern oder Werkleuten wirklich künstlerisch tätig war; die anderen waren Nachtreter, die sich mit mehr oder minder unfreien Nachbildungen behalfen, wenn sie überhaupt über die Herstellung schlichter Gebrauchsgeschirre hinauskamen.

In Siegburg macht die überaus große Zahl der Bilder und die Aehnlichkeit des Stils der verschiedenen Meister eine klare Unterscheidung zwischen den Erfindern und Nachahmern recht schwierig. Um so deutlicher kann man in Raeren sehen, wie wenig Werkstätten die Träger des wirklichen Kunstbetriebes gewesen sind. Fünfzig Meister haben kurz vor 1600 in Raeren gewirkt. Untersucht man aber näher, wer von ihnen zuerst während der Blütezeit die jeweils gangbaren Figurenfriese, Halsleisten und Rundbilder nach Stichen, Siegburger Modellen oder aus eigenem Können ausgeführt, wer zuerst neue Gefäßformen herausgebracht oder neue Zierweisen eingeführt hat, so trifft man immer wieder die Meister der Familie Mennicken. Und unter ihnen ragt Jan Emeus so hoch empor, daß man mit gutem Grund den einen Mann als die den ganzen Raerener Betrieb vorwärts treibende Künstlerkraft bezeichnen könnte. Selbst die namhafteren unter den übrigen Meistern, die Engel Kran, Wilm Kalf, Tilman Wolf, haben aus Eigenem nichts Nennenswertes geschaffen. Daran also ist kein Zweifel, daß die künstlerische Führung des Gewerbes nur in den Händen Weniger lag.

[1]) vgl. A. Pabst, La Collection Spitzer III, Les Grès, S. 179.

Haben nun diese — und ihre nachahmenden Genossen — zur Herstellung der Hohlformen für die plastischen Beläge wirklich die Hilfe besonderer „Formschneider" nötig gehabt?

Seit diese Frage von Dornbusch zunächst für Siegburg aufgeworfen und bejaht worden war, hat sich die Vorstellung von einer Arbeitsteilung zwischen den Töpfern und berufsmäßigen Formschneidern festgesetzt und bis heute unangefochten erhalten.

Es war Dornbusch aufgefallen, daß die Anfangsbuchstaben, mit welchen die Siegburger Krugbeläge vielfach bezeichnet sind, nur zum Teil mit den aktenmäßig überlieferten Namen der Siegburger Meister übereinstimmen. Die häufigen Monogramme P. K., C. K., H. H., die seltenen P. V., H. V., konnten zwanglos und sicherlich richtig auf die Meister Peter Knütgen, Christian Knütgen, Hans Hilgers, Peter Vlach, Hermann Vlach gedeutet werden. Für andere Bezeichnungen aber fehlte die Lösung. Es handelt sich dabei namentlich um die Monogramme F. T. und L. W., deren Träger eine Menge der besten Siegburger Formen geschaffen haben.[1]

Da Dornbusch die im Siegburger Archiv auf verschiedenen Aktenstücken vorfindlichen Namen der Zunftmeister des 16. Jahrhunderts als eine vollständige Meisterliste ansah, vielleicht mit Recht, so mußte er notwendig die unbekannten Monogrammisten außerhalb der Eulnerzunft suchen. Er war zudem des Glaubens, daß die Tonhohlformen für Krugbeläge über Modellen aus Buchsholz abgeformt worden seien, eine Anschauung, die ebenfalls noch Geltung hat. Dadurch verfiel er auf die Erklärung, daß die Siegburger Töpfer, mit Ausnahme der besonders begabten Leute, ihre Modelle von auswärtigen Bildschnitzern aus Cöln und anderwärts bezogen hätten.

Die Siegburger Stadtrechnungen des 16. und 17. Jahrhunderts schienen das zu bestätigen. Sie enthalten mehrere Eintragungen, daß die Stadt — nicht die Eulner — mit beträchtlichen Kosten die Wappen auswärtiger Personen stechen ließ, die aus Gründen der städtischen Politik mit Ulwerk beschenkt werden sollten.[2] Die Berufsbezeichnung „Formschneider", die gewöhnlich einen Verfertiger von Holzschnitten bedeutet, entnahm Dornbusch einer Eintragung in den Cölner Ratsprotokollen vom Jahr 1529. Dort wird „Meister Mertten formensneider, so die formen zu den oiffen in die Rhaidtscammer und in den Quattermart zo sneiden versprochen und sich taglichen mit vergess der Arbeit uff den Weinbenken finden lest", ermahnt, bei Strafe des Turmgangs das verdingte Werk zu fertigen.[3]

---

[1]) Die von Dornbusch als unlösbar aufgeführten Marken I. V. S., T. G. und andere gehören zu Wappen und sind keine Meisterzeichen. In Versteigerungskatalogen und dergleichen sind als Raerener Meistermarken ebenfalls viele Monogramme vorgeführt, welche nur die Namen von Wappeninhabern andeuten oder gar den Zinngießerstempeln der Deckel entnommen sind.

[2]) Vgl. Dornbusch, S. 41, Anm. 2: „1615. Item vur Graff Henrichs Wapen auszustechen gegeben uff Pött, betzalt 7 Gulden."

[3]) Ich füge noch eine gleichzeitige Erwähnung eines Formschneiders in den Cölner Ratsprotokollen hier bei, die zeigt, daß man damals in Cöln wie überall unter einem Formschneider einen Kupferstecher verstand: Ratsprotokoll 47, 17. Dezember 1596 „Conradus Volsius Formensneider, der unzüchtige Stücker gesneden und derwegen verstrickt, ist begnadet und entlassen aus der Verstricküng." — Da die Schreibung der Eigennamen in den Cölner Ratsprotokollen wie in jener Zeit überhaupt wechselnd und ungenau ist, darf man in dem oben genannten Formschneider den Kupferstecher Conrad Golsius oder Golzius erkennen, der 1587 bei Bussmacher in Cöln die Kupferstichfolge mit der Geschichte der Susanna herausgab, die in Raeren als Vorlage für eine der beliebtesten Krugleisten gedient hat.

Abb. 13. . Halsleiste, bezeichnet H. H. 1595, mit dem Händlernamen JAN ALLERS.

Die von Dornbusch noch vorsichtig als Vermutung vorgebrachte Auffassung wurde dann für Raeren mit herzhafter Bestimmtheit übernommen und weiter ausgebaut mit dem Erfolg, daß sie bei Solon (I, S. 26, 147) schon als sichere Tatsache erscheint. Solons Gewährsmänner Schmitz und Schuermans hatten einen besonderen Grund, für außerhalb der Töpferorte ansässige Formschneider einzutreten. Denn die Tatsache, daß in Raeren Krugbeläge mit den von Siegburg her bekannten Marken H. H., P. K. und L. W. in Mengen vorkommen, war nicht zu leugnen. Die einfache Erklärung, daß die Mennicken und ihre Genossen Siegburger Formen gebraucht oder nachgeahmt hatten, ließ der Raerener Ehrgeiz nicht zu. Erträglicher schien der Ausweg, daß sowohl Siegburg wie Raeren von denselben Formschneidern bedient worden wären. [1]

Für diesen Fall war es wünschenswert, solche Formschneider nicht nur auf deutschem, sondern auch auf niederländischem Gebiet nachzuweisen. Unter den vielen Wappen und Hausmarken auf Raerener Krügen findet sich nicht selten[2] ein Ovalschild mit der Umschrift

ROBERT THIEVIN CARTEMAKER

(abgebildet Solon I, Fig. 102). Diese Worte gaben Anlaß, den deutschen Formschneider kurzweg durch den flämischer klingenden Cartemaker zu ersetzen.

Als Musterbeispiel eines Cartemakers, der offenbar dem Kreis der in Raeren ansässigen Zunftmeister nicht angehören konnte, wird JAN ALERS oder ALLERS vorgeführt. Sein Name ist auf Krügen und Scherben verschiedener Herkunft von Höhr und Grenzhausen, Raeren und Bouffioulx aus den Jahren um 1595 zu sehen, in der Regel ausgeschrieben inmitten einer Halsleiste (Abb. 13), die einen Stich von Theodor de Bry (Abb. 14) wiedergibt. Diese Formen sind noch im 17. Jahrhundert gebraucht worden, doch haben die Töpfer späterhin den Namen des Jan Allers aus dem Mittelschild weggewischt. Seltener kommt der Name auf einem Wappenschild mit einem Posthorn vor, der von einem Einhorn gehalten wird.[3] Außerdem sind auf Raerener Krügen die Anfangsbuchstaben I. A. in Ovalbelägen mit einer Hausmarke, Becher und Kanne angebracht und mit der Umschrift „Den Roomer en de Can dei maeckt mennichen armen man 1598" (Solon I, Fig. 91) verbunden.

In der Raerener Bevölkerung und in den Kirchenbüchern des Ortes ließen sich keine Spuren einer Familie Allers nachweisen. Solon (I, S. 156) schildert daher mit frischer Erfindungsgabe und in lebendigen Farben das Wirken eines Cartemakers Jan Allers, der als wandernder Künstler bald an diesem, bald an jenem Töpferorte wie das Mädchen aus der Fremde auftauchte und den ansässigen Meistern neue Muster lieferte.

---

[1] Vgl. Schuermans, Mille Inscriptions S. 14, 16.
[2] Beispiele im Kunstgewerbemuseum Brüssel, Museum Mettlach, Sammlung Hetjens.
[3] Germanisches Museum in Nürnberg, Sammlung Dümler in Höhr; vgl. Solon I, Fig. 92.

Abb. 14. Ornamentstich von Theodor de Bry.

Trotz der vielfältigen Begründungsversuche ist es nichts mit der Arbeitsteilung zwischen den Töpfern und Formschneidern. Die ganze Geschichte von den Cartemakern, die aus Cöln oder Lüttich die Krugbäcker in Siegburg und Raeren mit ihren Modellen versorgten, konnte nur aus einer unklaren Vorstellung des alten Kannenbäckerbetriebes entspringen. Eine genauere Untersuchung der Erzeugnisse selbst führte zu dem Ergebnis, daß — mit Ausnahme der verschwindend seltenen Fälle, wo man Plaketten abformte — die Formen für die plastischen Krugbeläge in den Töpferorten von den Krugbäckern selbst und von ihren Werkleuten angefertigt worden sind.

Zunächst sind einige der vorerwähnten Gründe für die gegenteilige Behauptung zu beleuchten oder zu beseitigen.

Die dem Wappen des Robert Thievin entnommene Bezeichnung Cartemaker hat mit der Steinzeugtöpferei nichts zu tun. Es ist völlig willkürlich und durch keinerlei Ueberlieferung begründet, das Wort Cartemaker als Formschneider für Töpfer zu deuten. Es besagt nicht mehr, als daß der Träger des Namens Karten machte, das heißt Spielkarten. Nirgends steht geschrieben, daß man die Tonmatrizen Karten genannt hätte. Robert Thievin war Hausbesitzer in Lüttich und sein Namen und Wappen sind wie so viele andere Wappen nur deshalb auf Raerener Krüge gekommen, weil er Besteller und Abnehmer von solchen gewesen ist. Wahrscheinlich befaßte er sich mit dem Krughandel; es ist wenigstens aus Lütticher Kirchenbüchern festgestellt, daß er 1596 bei einem Kind des Lütticher Krughändlers Quellin Pardicque oder Pardix, der sich auf Raerener Krügen[1] selbst „Marchand de Pots et de Voire de Liège" nennt, Pate gestanden hat. Außer dem Wappen des Robert Thievin, den Schmitz „le plus distingué de nos modeleurs" nennt, ist nicht ein einziges Krugrelief bekannt, auf das sein Ruf als Formschneider sich begründen könnte. Mit ihm scheidet das Wort Cartemaker aus der Geschichte des Steinzeugs aus.

Ueber Jan Allers, nach Solon „a good personification of the true cartemaker", nach anderen ein „Hauptmeister von Raeren",[2] gibt das Cölner Stadtarchiv ausreichende Aufklärung. Er war weder Formschneider noch Töpfer, sondern ein Schiffer aus Nymwegen, der wie viele andere Nymwegener, Arnheimer, Deventer Bürger am Niederrhein den Krughandel mit Raerener, Frechener, Westerwälder Geschirren betrieb. Das ergibt sich zunächst aus einigen Eintragungen in den Briefbüchern der Jahre 1580, 1581, 1582,[3] durch welche

---

[1] Beispiele im Kunstgewerbemuseum Brüssel.
[2] Vgl. Oldenbourgs Illustrierte Geschichte des Kunstgewerbes, Berlin 1907, I S. 646.
[3] Cölner Stadtarchiv, Briefbuch No. 100, Fol. 167a, vom 31. Dezember 1580; No. 101, Fol. 53, 28. Juli 1581; No. 102, Fol. 98b, 8. Juni 1582.

die geschworenen Krugträger, das heißt die städtischen Verlader, bescheinigen, daß Johan Alertz, Schiffer und Bürger zu Nymwegen in sein Schiff nur „Erdenkrüchen und Duppen" oder „Steinenkannen" geladen hat und sonst kein zollbar Gut. Dann folgen aus dem Jahr 1584 zwei längere Eintragungen, in welchen der Rat über Kruggeschäfte, die Jan Allers mit Jan Emens von Raeren und mit einem Sohn des Peter Emens von Raeren in Cöln abgeschlossen hat, amtliche Bescheinigung ausstellt.

Diese Urkunden sind über die Formschneiderfrage hinaus für die Geschichte des Steinzeugs wichtig genug, um hier mit einiger Kürzung der langatmigen Sprache und weitschweifigen Schreibweise wiedergegeben zu werden. Die erste Aufzeichnung vom 14. Mai 1584 (Briefbuch No. 103 fol. 205b) lautet:

Erschienen sind die bescheiden Schiffer Johann Alertz von Nymwegen und Johann Emundtz von Raerendt im Land Limburg und hat anfänglich Johan Alerdtz bei seinem leibl. Eid beteuert und wahrgesagt, daß er von gedachtem Emundt Duppenbecker etliche Erdenpotte und Kruchen, genannt Susannenwerk, eingekauft und empfangen hätte, darfür er ihm versprochen und bezahlt für jeglich Hundert drei Gulden Brabandtz, mehr als man sonst nach Ordnung für ander neu Werk zu zahlen pflegt. Er hat auch ferner vor uns beteuert und bekannt, daß er von mehrgedachtem Johann Emundt gekauft und empfangen etlich Blaw Werk von Kruchen und Potten, und ihm für das Hundert funffzig Gulden Brabantz erlegt und bezahlt hätte, welches auch gedachter Johann Emundt, persönlich gegenwärtig, geständig und allsolche Summen von gedachtem Schiffer Johann Alertz also bar empfangen zu haben bekannt hat; mit fernerer Bitte wir (der Rat der Stadt Cöln) wollten ihm von solcher Bekenntnis einen glaubhaften Beweis (das heißt eine amtliche Bescheinigung) mitteilen.

Mit kurzen Worten also: Jan Alers hat von Jan Emens Susannenkrüge das Hundert zu 3 Gulden und blaue Krüge das Hundert zu 50 Gulden gekauft und Jan Emens bestätigt, das Geld bar erhalten zu haben.

Wir haben hier die früheste Erwähnung des grauen Raerener Steinzeugs mit Blaufärbung; erhalten ist aus dem Jahr 1584 davon nichts. Die Neuheit der Ware mag wohl den riesigen Preisunterschied gegenüber den braunen Susannenkrügen erklären. Susannenkrüge mit des Jan Emens Bezeichnung I E und I E M sind von 1583 und den folgenden Jahren mehrfach erhalten.[1]

In der zweiten Urkunde ist der Name des in Cöln anwesenden Töpfers nicht genannt; das Geschäft wird von einem Sohn des Peter Emens[2] mit Jan Alers abgeschlossen. Der Inhalt ist folgender:

Wir Bürgermeister und Rat der Stadt Cöln bescheinigen, daß heut (3. Oktober 1584) auf Anhalten des bescheiden Emandten Peters op den Roeren eheligen Sohns vor uns persönlich erschienen ist Schiffer Jan Alers von Nymwegen und hat eidlich ausgesagt, daß er im Jahr 1583 alhier in unser Stadt von dem vorgedachten Emandten Peters op den Roeren, dem Vater des Producenten, alle desselbigen Erden

---

[1] Kunstgewerbemuseen Brüssel, Frankfurt und Berlin, Sammlung Hetjens, Katalog Thewalt No. 129, 130.

[2] Ein P. E. bezeichneter Susannenkrug von 1585 im Kunstgewerbemuseum Cöln, vgl. Abb. 2.

Gebacks, die er derzeit hier gehabt, so glatt und neu Werk gewesen, nach Ambachts-recht (das heißt Zunftrecht) eingekauft und auch dafür zu bezahlen angenommen hätte. Als er aber darnach gedachtem Emandt Peters op den Roeren die Bezahlung für angereichtes Erdenwerk geliefert und ihm dafür bezahlen wollen, so viel er des vorigen Jahres 1582 gegeben und bezahlt hätte, daß dann Emandt Peters sich dessen geweigert und mit nichten, als das dem getroffenen Kauf zuwider wäre, darein willigen wollen, sondern seine Bezahlung nach Ambachtsrecht gefordert und haben wollen. Derowegen habe er Johan Alertz von Nymwegen sich dermalen erboten und dahin erklärt, wie er sich krafft dieses nochmals verpflichtet haben wolle, im Fall die anderen Kaufleute desselbigen und dergleichen Guts von Erdenwerk, unter welchen er fast der geringste, nach Ambachtsrecht dasselbige Gut bezahlen würden, daß er Jan Alerss, so viel den übrigen Rest belangen täte, dem bemeldeten Emandten Peters, ohne weitere Einrede auch genugtun und richtig machen wolle. Alles dies hat Jan Alerss zu unseren Händen eidlich bestätigt und hat gemeldeter Producent (Emens Peters Sohn) gebeten, ihm davon eine Certification mitzuteilen, die wir ihm der Billigkeit nach nicht verweigern (Briefbuch No. 103, Fol. 268).

Das Schriftstück lehrt, daß Cöln nicht nur ein Markt für das Siegburger und Wester-wälder Steinzeug war, sondern auch den Umschlag der Raerener Geschirre nach den Nieder-landen besorgte. Und ferner, daß das Raerener Gewerbe, obwohl es einen landesherrlichen Zunftbrief erst 1619 erhielt, schon um 1580 als Zunft oder Ambacht die Preise bindend festsetzen und erhöhen konnte.

Der bisherige Künstler und Hauptmeister Jan Alers ist damit endgiltig beseitigt. Das Beispiel dieses Kaufmanns, der im Westerwald, in Raeren und Bouffioulx seinen Namen auf den für sein Geschäft bestimmten Krügen anbringen ließ, — damals um 1595 war er wohl nicht mehr wie 1584 „fast der geringste" unter den Krughändlern — erbringt die er-wünschte Erklärung auch für eine Reihe anderer Namen, Hausmarken und Wappen mit Monogrammen, die mit dem Töpfereibetrieb selbst nichts zu tun haben. Hierher, in die Händlerliste, gehört der Name JAN ERNST, der nach 1600 an Westerwälder Kannen (Kunstgewerbemuseum Cöln) an derselben Stelle wie vorher derjenige des Jan Alers, das heißt im Mittelschild der Halsleiste nach de Bry auftritt. In Raeren dann außer Robert Thievin noch Melsior Honckebour,[1] Quellin Pardicque, in Höhr Leven Colein (auf einer Kanne im Clunymuseum, abgeb. Solon Tafel X).[2]

Händlerzeichen sind die Hausmarken mit G. B. (Solon I Fig. 95) und mit den drei M. Der letztere Belag hat mit den Mennickenwerkstätten nichts zu tun, denn er findet sich auf Krügen von Engel Kran (Kunstgewerbemuseum Cöln, vgl. Abb. 1), von Jan Emens und von dem Monogrammisten E. E. (Kunstgewerbemuseum Berlin). Das von Jan Emens 1580 und 1585 ausgeführte Wappen mit einer Kanne und den Worten „Putgen Ute" (Solon I Fig. 98) ist auch als Händlerzeichen anzusehen, da es in Frechen mit dem Töpferzeichen B. E. 1596 vorkommt (Kunstgewerbemuseum Cöln).

---

[1]) Vgl. Solon I Fig. 93.

[2]) Es gibt in Museen und Sammlungen eine Reihe hellgrauer Krüge Raerener Stils, mit Wappen von Jan Emens belegt und auf dem Hals mit dem Namen Lucas de Wael. Hier handelt es sich weder um einen Töpfer noch einen Händler. Die Krüge sind insgesamt Fälschungen des 19. Jahrhunderts, die schon vor 1885 in den Handel kamen.

Da die Halsleisten nach dem Stich Theodor de Bry's mit dem Namen Jan Alers in der Regel H. H. 1595 bezeichnet sind, obwohl sie außerhalb Siegburgs verwendet wurden, so ist zu vermuten, daß Jan Alers die Matrizen dazu in Siegburg von Hans Hilgers machen ließ und den Töpfern anderer Orte lieferte, die für ihn arbeiteten. In diesem Vorgang liegt ein beachtenswerter Hinweis auf die Art und Weise, wie auch andere Siegburger Matrizen der Töpfer H. H., L. W., P. K. ihren Weg nach Raeren gefunden haben mögen.

Abb. 15. Siegburger Trichterkanne mit biblischen Rundbildern um 1580.
KGW. Museum Frankfurt.

Auch zur Erklärung der Tatsache, daß die Marken L. W., P. K. und H. H. sowohl in Siegburg wie in Raeren erscheinen, bedarf es der Voraussetzung Cölnischer Formschneider nicht. Vorerst ist zu bemerken, daß die neuzeitliche Forderung der Originalität, der selbständigen Erfindung dem Kunstgewerbe der Renaissance fremd gewesen ist. Nicht einer unter den rheinischen Steinzeugorten hat sich durch seinen „Zunftstolz" abhalten lassen, fremde Muster nachzubilden und fremde Formen zu verwerten, bis er selbst auf gleicher Höhe stand oder besseres leisten konnte. Der geschichtliche Werdegang des Gewerbes brachte es mit sich, daß zuerst Siegburg von Cöln abhängig wurde, dann Raeren von Cöln und Siegburg, der Westerwald wieder von Siegburg und Raeren; schließlich im 17. und 18. Jahrhundert wurden die Westerwälder Geschirre die Vorbilder für die wallonischen Betriebe und für die — im Einzelnen kaum gekannte — Spätzeit Raerens.

Für jeden, der ohne Voreingenommenheit solche Raerener Krüge, welche Reliefbeläge mit den Siegburger Marken H. H., L. W., P. K. tragen, mit den Siegburger Gefäßen gleicher Ausstattung vergleicht und zu weiterem Vergleich auch noch ganz selbständige Raerener Arbeiten der dort einheimischen Meister, etwa des Jan Emens, heranzieht, kann über die Siegburgische Abkunft der mit H. H., L. W., P. K. bezeichneten Formen nicht der geringste Zweifel bestehen. Selbst dann nicht, wenn irgend eine Leiste des H. H. (wie der Bacchuszug oder das Herodesfest, beide im Cölner Kunstgewerbemuseum) nur auf braunen Raerener Krügen, nicht aber auf weißem Siegburger Steinzeug überliefert ist. Man darf sich nicht verhehlen, daß wir keineswegs mehr den vollständigen Formenschatz des rheinischen Steinzeugs besitzen. In den Scherbenlagern von Siegburg, Cöln, Raeren und Höhr sind Bruchstücke vieler Figurenfriese und Rundbilder aufgeworfen worden, die auf ganzen oder leidlich ganzen Gefäßen nicht mehr erhalten sind.

Auch wenn die mit den Buchstaben H. H., L. W. und P. K. bezeichneten Reliefbilder dieser Marken entbehren würden, bliebe die Siegburgische Quelle an ihrem Stil ohne weiteres

Abb. 16. Raerener Krug um 1580 mit Siegburger Planetenfries nach Virgil Solis von H. Hilgers. KGW. Museum Cöln.

Abb. 17. Raerener Krug bez. Wilm Kalfs mit Siegburger Herodesfries nach V. Solis von H. Hilgers.

erkennbar. Denn so verschieden der Raerener Werkstoff — Erde, Farbe und Glasur — vom Siegburgischen ist, so verschieden ist auch der echte Raerener Reliefstil von dem der Abteistadt.

Der fast weiße, feinkörnige Ton von Siegburg wurde in der Regel nur so sparsam gesalzen, daß die Glasur bloß als leichter glättender Hauch erscheint, der dem Ton die Rauheit und Stumpfheit nimmt, ohne den Reliefschmuck irgendwie zu schwächen oder zu verdecken. Daher wurde das Relief in Siegburg, sobald der Cölner Einfluß überwunden war, ganz flach, zierlich, ja kleinlich behandelt. Das ist an den kleinfigurigen Rundbildchen mit biblischen Geschichten besonders deutlich zu sehen (Abb. 15).

Die deckende Braunglasur von Raeren dagegen und der derbe graue Ton verlangen ein stärkeres, breiteres Relief und eine einfachere Behandlung des Hintergrundes der figürlichen Darstellungen. Darauf haben die Raerener Meister bei ihren eigenen Auflagen sehr wohl geachtet. Die von H. H., L. W. und P. K. bezeichneten Reliefbilder haben nun auch in Raerener Ausführung und trotz der dicken Raerener Braunglasur alle Kennzeichen des kleinlichen Siegburger Reliefstils ganz unverkennbar bewahrt. Zwei braune Raerener Kannen des Cölner Kunstgewerbemuseums, belegt mit den Planetenbildern und dem Herodesfest nach Virgil Solis, beide H. H. bezeichnet, mögen das veranschaulichen (Abb. 16 und 17).

Sie fallen auf den ersten Blick aus dem in Raeren ortsüblichen Stil als fremdartig heraus.

Und daß die Siegburger Matrizen wirklich etwas Fremdes, nicht unmittelbar für den Raerener Betrieb geschaffenes waren, kann man gelegentlich auch an ihrem Maßstab erkennen. Die Siegburger Töpfer machten kleinere Schnellen, als sie in Raeren üblich waren. Wenn nun den Raerener Meistern die Matrizen zu kleinen Siegburger Schnellen in die Hände fielen, so haben sie vielfach, um auf das ortsübliche Größenmaß ihrer Pinten zu kommen, über und unter den Siegburger Reliefs zahlreiche Wulste und Profile angedreht, so daß der Reliefbelag in ein augenfälliges Mißverhältnis zur Größe des Gefäßes geriet (Abb. 18). Gute Beispiele dafür sind die hier abgebildete Raerener Schnelle im Germanischen Museum zu Nürnberg, die auf der Mitte dreimal wiederholt „D er Stat Collen Wapen" von 1577 trägt, dann eine gleich hohe Schnelle auf der Burg Rheinstein bei Bingerbrück, mit drei Belägen einer in weißem Steinzeug mehrfach[1]) erhaltenen Tobiasschnelle von P. K. 1570. Dasselbe Mißverhältnis hat sich zuweilen bei der Nachbildung von Frechener Pinten ergeben. Als Beispiel diene eine 43 cm hohe Raerener Schnelle der ehemaligen Sammlung Weckherlin (Abb. 19) mit der Geschichte des armen Lazarus am Tisch des Reichen. Das Frechener Vorbild, etwa dreißig Jahre älter als die Raerener Nachbildung, ist im Münchener Nationalmuseum (Solon II, Fig. 145), im Cölner Kunstgewerbemuseum (aus Frechener Ausgrabung) und in der Sammlung Hetjens erhalten.

Es ist auffallend, wie sehr die Jahreszahlen der entlehnten Siegburger Formen von der wirklichen Herstellungszeit der damit geschmückten Raerener Krüge oft abweichen. So ist eine Raerener Schnelle der Sammlung v. Oppenheim in Cöln[2]) in der Mitte belegt mit Siegburgischen Figuren der Esther und Judith von 1567. Darüber ist zur Verlängerung der Schnelle eine Raerener

Abb. 18. Raerener Schnelle m. Siegburger Wappenbelägen von 1577, hoch 40 cm. German. Museum.

[1]) Altertumsmuseum Stuttgart, Reichsmuseum Amsterdam.
[2]) Abgeb. A. Pabst, Keramische Sammlung des Freiherrn Albert von Oppenheim in Cöln, Tafel 10, No. 12.

Rollwerkleiste von 1580 aufgelegt. Das Cölner Kunstgewerbemuseum besitzt eine blaue[1]) Raerener Kanne
von einer erst nach 1600 aufgekommenen Form (vgl.
Tafel XVI); das vorn aufgedruckte Cölner Wappen des
Siegburgers L. W. aber stammt aus dem Jahre 1577.

Die innerhalb des Reliefbelags der Krüge an-
gebrachten Jahreszahlen geben natürlich nur die Herstellungszeit der Matrizen an, die durchaus nicht immer
mit der Entstehungszeit der Gefäße selbst zusammenfällt.
Denn in jedem Betrieb hat man gut gehende Formen
längere Zeit hindurch ausgenützt und oft mehrere Jahre
lang wiederholt, ohne ein neues Datum einzustechen.
Wenn aber der Zeitunterschied zwischen der Entstehung
der Matrize und der des Kruges zwanzig oder dreißig
Jahre beträgt, so darf man in der Regel die Benutzung
entlehnter, fremder Formen voraussetzen. Wir werden
dieser Erscheinung der unrichtigen Krugdatierungen bei
den Westerwälder Werkstätten wieder begegnen, die
noch mehr als die Raerener mit fremden und am Ur-
sprungsort schon veralteten Matrizen gearbeitet haben.

In den Fällen, wo die Siegburger Reliefbilder in
Raeren unverändert wiederkehren, das heißt mit dem
zierlichen Siegburger Stil, mit den Siegburger Meistermarken und Jahreszahlen und in der für Siegburger Gefäße berechneten, für Raeren aber zuweilen ungeeigneten

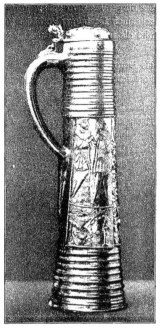

Abb. 19. Raerener Schnelle mit Cölner
Belägen, hoch 43 cm.

Größe, in diesen Fällen haben die Raerener Töpfer offenbar Siegburger Originalmatrizen gebraucht und vervielfältigt. Daß sie solche Matrizen durch Abformung glasierter Siegburger
Gefäße gewonnen hätten, ist nicht sehr wahrscheinlich, weil auch mager glasierte Krüge
keine guten Matrizen ergeben würden. Und bei den dick glasierten Cöln-Frechener Schnellen,
deren Beläge ja auch in Raeren wiederkehren (vgl. Abb. 19), ist eine brauchbare Abformung
über dem fertigen Gefäß ganz ausgeschlossen. Nur selten haben die Raerener Töpfer sich
die Mühe gemacht, wenn sie eine Siegburger Matrize abformten, das ursprüngliche Meisterzeichen zu tilgen oder den eigenen Namen anzubringen. Das letztere ist an dem in der
Abbildung 17 dargestellten Krug mit dem Fest des Herodes und der Enthauptung Johannis
zu sehen: Der Raerener Krugbäcker Wilm Kalfs hat zwar die alte Bezeichnung H. H. stehen
lassen, daneben aber seinen eigenen Namen voll ausgeschrieben hingesetzt. Ein anderer
Freund Siegburgischer Formen, Meister Baldem Mennicken von Raeren, hat auf einer Kanne
im Cölner Kunstgewerbemuseum denselben Herodesfries von Hans Hilgers ohne jeden
Zusatz unverändert benützt.

Freihändige Nachbildungen von Cölner und Siegburger Formen scheint von allen
Raerener Töpfern nur Jan Emens hergestellt zu haben, der Einzige, der auch den besten

---

[1]) Wenn hier und weiterhin nach altem Brauch von „blauem" Steinzeug die Rede ist, so sind damit
immer graue Krüge mit teilweiser Blaufärbung gemeint.

Siegburger Meistern vollauf gewachsen war. Es gibt verschiedene Krugleisten, die augenscheinlich Siegburger Vorbilder genau nachahmen, auch noch die Marke H. H. wiederholen und die trotzdem die Kennzeichen des Jan Emens aus seiner Frühzeit um 1570 aufweisen.[1])

Ernsthafter als die Raerener Cartemakerei der Thievin und Alers sind die Gründe, die Dornbusch zur Voraussetzung auswärtiger Formschneider bewogen hatten. Daß der vorerwähnte Cölner Formschneider Meister Mertten in irgend welchen Beziehungen zur Krugbäckerei stand, ist freilich nicht erwiesen, und die sonst erwähnten Cölner Formschneider sind nach damaligem Sprachgebrauch als Verfertiger von Holzschnitten und Kupferstichen zu betrachten. Auch die von Dornbusch angezogenen Siegburger Stadtrechnungen sind nicht beweiskräftig. Es ist klar, daß die Stadt, wenn sie für Personen, deren Wappen ihr unbekannt war, Ulwerk mit Wappen besonders anfertigen ließ, sich das Wappen von auswärts bestellen mußte, um den Töpfern eine Vorlage zu bieten. Schon der hohe Preis von sieben Gulden für ein solches Wappen läßt erkennen, daß es sich in diesen Fällen nicht um Formen handelte, welche die Töpfer sich gewohntermaßen beschaffen konnten.

Die Tatsache aber, daß manche Siegburger Töpfermarken, wie F. T. und L. W. mit den urkundlich überlieferten Meisternamen nicht in Einklang zu bringen sind, ist nicht so leicht befriedigend zu erklären. Diese beiden Monogrammisten haben nebst Hans Hilgers unstreitig eine große Zahl der besten Siegburger Formen gestochen, und der erstere namentlich zählt zu den geschicktesten Künstlerkräften, über die Siegburg verfügte. Es mag auch zutreffen, daß die Meisterliste, die Dornbusch aus den Urkunden zusammengestellt hat, vollständig ist. Und trotzdem müssen auch diese Monogrammisten in Siegburg selbst gewirkt haben.

Dornbusch war von der irrigen Voraussetzung ausgegangen, daß die ersten Formen für die Krugbeläge aus Buchsholz geschnitzt worden seien. Ueber diesen Buchsholzformen auswärtiger Künstler sollten dann die Matrizen und Patrizen der Töpfer aus gebranntem Ton hergestellt sein.

Solche Buchsholzformen hat es in der Steinzeugtöpferei des 16. Jahrhunderts nie gegeben, und unter den vielen Hunderten von tönernen Matrizen und Patrizen aus Siegburg, Raeren und dem Westerwald ist niemals auch nur eine einzige Holzform für Reliefbeläge gefunden worden. Nur die Petschafte für die eingestempelten Muster (vgl. Abb. 11) sind zweckmäßigerweise aus Buchsholz geschnitten worden. Diese aber kamen erst auf, als die Blütezeit der Reliefbeläge schon zu Ende ging. Die ersten Urformen für alle figürlichen und ornamentalen Reliefauflagen sind, wie schon gesagt, unmittelbar nach den Kupferstichen oder nach freier Zeichnung vertieft in weichen Ton eingestochen. Es ist freilich leichter mit den Augen zu sehen als mit Worten zu beschreiben, daß eine in Holz geschnitzte Form nicht die den Krugbelägen eigentümliche Reliefbildung hervorbringen kann. Man sieht das am deutlichsten, wenn man die ältesten Krugbeläge von Cöln auf ihre Formgebung betrachtet, die Bildung der Augen und Haare, die hochstehenden

---

[1]) Beispiele im Kunstgewerbemuseum Cöln und im Museum von Aachen, Brüchlingskrüge mit einem H. H. bezeichneten Triumphzug des Bachus nach Barthel Beham B. 44, darüber eine erst in Raerener Mundart zugefügte Inschrift „Dit is den Treiumpf Bachus Der follen Broder Arden."

Umrisse und Rippen der Blätter. Wie die Krugbäckerei voran geht, erst in Siegburg, dann in Raeren, verfeinert sich naturgemäß auch die Kunst des Formenstechens, aber die technischen Merkmale der in weichen Ton eingetieften Arbeit verschwinden nicht. Es haben sich zufällig einige Buchsholztafeln, als selbständige Kunstwerke oder als Einlagen in Prachtmöbel geschnitzt, (wie z. B. am Pommerschen Kunstschrank des Berliner Kunstgewerbemuseums), im Wiener Hofmuseum und im Berliner Kunstgewerbemuseum erhalten, die eine Kupferstichfolge von Virgil Solis (Bartsch 133 bis 136), den Zug der Jahreszeiten und Musen, wiedergeben, den auch Hans Hilgers und Jan Emens wiederholt in Tonmatrizen eingeschnitten haben. [1]

Ich stelle hier die Abbildungen von zwei Stichen aus der Folge des Virgil Solis (Abb. 20 und 23), der entsprechenden Buchsholzplatten in Berlin (Abb. 21 und 24) und der Krugleiste des Jan Emens (Abb. 22 und 25, nach einem Krug der Sammlung Kellner in Cöln) zum Vergleich zusammen. Es braucht nicht betont zu werden, daß diese Buchsreliefs — wahrscheinlich Nürnberger Arbeiten — dem Töpfer unbekannt waren; er hat die Namen der Figuren aus dem Stich übernommen, die der Holzschnitzer fortließ. Das Steinzeugrelief ist, an seinesgleichen gemessen, eine gute Arbeit. Während aber der Holzschnitzer der Kupferstichvorlage gerecht wird, bleibt der Töpfer Jan Emens hinter beiden weit zurück. Die Köpfe, die Gewandfalten, alles ist vereinfacht und in eine dem gröberen Werkstoff angemessene Formensprache übertragen. Dieselbe Ausführung, die für die Wirkung in glasiertem Ton vollkommen ausreicht, würde offenbar als Buchsmodell höchst roh und unzulänglich erscheinen. Woraus zu ersehen, daß die Krugbeläge nicht nach Buchsmodellen abgeformt sind.

Wenn somit die Tonmatrizen die Urformen und das Werk der vermeintlichen Formschneider sind, so können die letzteren nur an den Töpferorten selbst gearbeitet haben. Denn die Matrizen sind in Siegburg aus Siegburgischer Erde, in Raeren aus Raerener Erde gemacht. Und weiter: Die Sprüche auf den Matrizen sind jeweils in der ortsüblichen Mundart gehalten, in Siegburg und Cöln-Frechen im rheinischen Platt, in Raeren plattdeutsch mit starkem flämischen Einschlag.

Noch andere Gründe sprechen ebenso laut für die Ansässigkeit der Matrizenfertiger an den Töpferorten. Sie haben nicht nur die figürlichen Friese und Bilder geschaffen, sondern auch die zahllosen ornamentalen Formen für Krughälse, die Masken und dergleichen. Diese Stücke tragen ebenso oft die Meistermarken wie die Figurenleisten. Dazu gehören Formen für die Ausgußröhren der Schnabelkannen, für die kleinen Brücken oder Verbindungsstücke zwischen den Hälsen und Ausgußröhren, für schmale Streifen aufsteigenden Ornaments zum Schmuck von Siegburger Kannenhenkeln, für gemusterte Profile, kurz eine Menge von Einzelheiten, welche die engste Fühlung mit den Anforderungen der Töpferwerkstatt verraten und die zweckmäßig nur an Ort und Stelle innerhalb des Töpferbetriebs gemacht werden konnten.

---

[1] Die ersten Ausgaben dieser Krugleisten von H. H. und Jan Emens auf braunen Raerener Krügen sind vertreten in den Sammlungen Hetjens, Kellner in Cöln, im Kunstgewerbemuseum Brüssel. Die spätere Wiederholung von Jan Emens aus dem Jahre 1589 auf blauem Steinzeug ist häufig; Beispiele: Kunstgewerbemuseum Cöln, Sammlungen v. Oppenheim, Vermeersch in Brüssel, von Lanna in Prag. Vgl. Solon I, Fig. 110.

6*

Abb. 20.

Abb. 21.

Abb. 22.

Kupferstich von Virgil Solis, Buchsrelief und Krugleiste von Jan Emens nach demselben Stich.

Abb. 23.

Abb. 24.

Abb. 25.

Kupferstich von Virgil Solis, Buchsrelief und Krugleiste von Jan Emens nach demselben Stich.

Alles das beweist, daß die Matrizenfertiger an den Töpferorten saßen. Wenn sie nun, wie Dornbusch wegen der ungelösten Marken vermutet, mit den Töpfern nicht identisch waren, sondern selbständige Künstler, so sollte man irgend einen Hinweis auf solche Mitarbeiter oder Außenseiter im Siegburger Zunftbrief von 1552 oder auch in den späteren Westerwälder Zunftordnungen zu finden erwarten. Die Siegburger Urkunde ordnet Rechte und Pflichten der Meister, Werkmänner und Lehrjungen, Arbeitszeit und Löhne, Preise und Verkäufer der Waren, alles in großer Ausführlichkeit. Von Formschneidern ist aber nirgends die Rede und kein Wort deutet darauf hin, daß Formen außerhalb der Werkstätten gemacht wurden. Im Gegenteil, der Absatz 21 der Siegburger Zunftordnung besagt ausdrücklich:

„Es soll kein Oulner noch Oulners weyb gedruckt oder geschniedenn Werck backen, er habe es dann selber oder seyne haussfraw oder ire kinder oder diejenigen, so das handwerck leren (d. h. lernen, also Werkleute und Lehrjungen) mit irs selbst hanndt geschnitten und mit irem gemietem Haussgesinde, welchs durch die vier gekorne (die Obermeister) vur haussgesinde redlich erkannt werden sollenn, oder gedruckt buissen jemandtz anders hulff, der sey wer er wolle."

Diese Stelle lehrt, wo die Siegburger F. T. und L. W., da sie ihrem Namen nach keine Meister sein konnten, zu suchen sind: Unter den Werkleuten und gemietetem Hausgesinde. Werkmänner waren diejenigen, welche das Handwerk nach sechsjähriger Lehrzeit ausgelernt hatten, aber nicht Willens oder in der Lage waren, sich als selbständige Meister aufzutun. Sie traten bei den Werkstattinhabern in Dienst und nichts hindert anzunehmen, daß auch dieser Stand künstlerische Kräfte umfaßte. Man darf an solche Majolikamaler wie Francesco Xanto Avelli erinnern, die viele Meister an künstlerischem Können übertrafen, ohne selbst jemals eine eigene Werkstatt besessen zu haben.

Daß überhaupt die Identität der Töpfer und Formschneider trotz der sehr deutlichen Sprache der Denkmäler in Frage gestellt werden konnte, beruht im Grunde auf der früher üblichen Ueberschätzung der Reliefauflagen. Vorwiegend nach der Schärfe und Seltenheit der Auflagen und nach dem Reichtum figürlicher Bilder wurde das rheinische Steinzeug bewertet; die Formen der Gefäße, in Wahrheit die bedeutendere Kunstleistung, kamen erst an zweiter Stelle. Aus der einseitigen, durch mangelhafte Kenntnis der Vorlagen geförderten Bewunderung der Reliefbeläge entsprangen jene törichten Streitfragen, ob zuerst Raerener oder Siegburger Formschneider die Bauerntänze und ähnliche Friese erfunden hätten, die hier wie dort den Kupferstichen der Beham und Virgil Solis entnommen waren. Es ist völlig widersinnig, den rheinischen Kannenbäckern die Fähigkeit zur plastischen Wiedergabe solcher Vorlagen und zur Zeichnung ähnlicher Darstellungen und Ornamente abzusprechen, nachdem sie durch die unanfechtbar selbständige Erfindung und Durchbildung eigenartiger und edler Gefäßformen die stärksten Beweise künstlerischen Vermögens erbracht hatten.

Abb. 26. Mittelalterliches Steinzeug, unglasiert. Cölner Funde. KGW. Museum Cöln.

IV. DIE FRÜHZEIT DES RHEINISCHEN STEINZEUGS IM MITTELALTER

Ueber die Anfänge des rheinischen Steinzeugs sind den mittelalterlichen Erzeugnissen nur die allerdürftigsten Aufschlüsse zu entnehmen. Man hat geglaubt, sie mit der römischen Töpferkunst des Rheinlands in Verbindung bringen zu können. Es gibt spätrömische Gesichtsurnen (Museen von Trier und Cöln), die wirklich den rheinischen Steinzeuggefäßen des 15. und 16. Jahrhunderts mit ebenso kunstlos und unbeholfen gearbeiteten Gesichtern etwas ähnlich sehen. Aber das kann einen Zusammenhang noch nicht begründen, denn die Gesichtsurnen waren auch anderen Zeiten und Völkern bekannt, die in keiner Verbindung mit einander gestanden haben. Und zwischen den römischen und den spätgotischen Gesichtsurnen des Rheinlands klafft eine Lücke von einem Jahrtausend.

Die römische Töpferkunst kannte das harte, gesinterte Steinzeug noch nicht. Die ältesten undurchlässig gebrannten Geschirre sind unglasierte Urnen von grobkörniger, schmutzigbrauner oder grauer Masse, die in Siegburg und Cöln in beträchtlicher Zahl zu Tage gekommen sind (Abb. 26). Sie sind völlig schmucklos, doch machen sich gelegentlich in der Form, wie an den stark betonten Profilen eines der hier abgebildeten Gefäße zu sehen ist, schon die ersten Regungen der Veredlung geltend.

Bei dem Mangel jeglicher Ornamente
würde die Entstehungszeit schwer zu umgrenzen sein, wenn nicht ein im Rhein
bei Cöln gefundenes Gefäß aus eben demselben grobkörnigen, grauen unglasierten
Steinzeug zu Hilfe käme (Abb. 27). Den
Bauch und den hohen Hals umstehen vier
aufrechte Henkel von jener salamander-
artigen Form, die nur dem romanischen
Kunstgewerbe eigentümlich ist. Die ganze
Gruppe der ältesten Steinzeuggefäße ist
demgemäß spätestens im 13. Jahrhundert
entstanden. Weiter läßt sich das Steinzeug
nicht zurückverfolgen.

Als Entstehungsort der Gattung ist
bisher nur Siegburg sicher erwiesen, da
solche romanischen Gefäße dort in den
Scherbengruben lagerten. Die in Cöln und
anderwärts aufgeworfenen verwandten
Stücke brauchen nicht notwendig am
Fundort gemacht zu sein.

Die nächste Stufe der Entwicklung
bringt bereits das erste Auftreten des aus
Hohlformen aufgelegten Reliefschmuckes.
Die hier dargestellte Urne aus echtem
Steinzeug (Abb. 28) trägt einen Rundbelag,
auf dem mit bemerkenswertem Geschick
der Kopf eines Mannes in Seitenansicht
und einer Frau in Vorderansicht dargestellt
sind. Der Schuppenpanzer oder Haubert,
der das Gesicht des Mannes frei läßt
und die das Kinn verhüllende Kopftracht
der Frau weisen die Arbeit noch in die
Zeit der Frühgotik, ungefähr in die erste
Hälfte des 14. Jahrhunderts. Die Gotik
hat sich auch der Gefäßform bemächtigt
insofern, als der Fuß durch Fingerdruck
bereits senkrecht gerippt und wellig ge-
rändert ist.

Fraglich bleibt allerdings, ob dieses
frühgotische Gefäß wirklich rheinischen
Ursprungs ist. Die wagrechten Furchen

Abb. 27.
Romanisches Steinzeuggefäß, bei Cöln gefunden.
KGW. Museum Cöln.

an Bauch und Hals, die beim Aufziehen des Gefäßes entstehen, sprechen wohl für Siegburg, das an dieser Art der Flächenbelebung und am gewellten Fuß noch das ganze 16. Jahrhundert festgehalten hat. Es ist aber keineswegs ausgeschlossen, daß die Urne ein frühes Erzeugnis der hessischen Steinzeugtöpferei von Dreihausen bei Marburg ist, die der Krugbäckerei des Rheinlands in der künstlerischen Entwicklung um ein Jahrhundert vorausgeeilt war. Dreihausen hat schon bald nach 1400 braunrot gefärbte Gefäße mit sorgfältiger, teils gepunzter, teils aus Tonhohlformen aufgelegter, teils freihändig geschnittener Verzierung geliefert, in so strengen und wohlgegliederten Formen, wie sie in Cöln und Siegburg erst im 16. Jahrhundert geschaffen worden sind.[1]

Abb. 28. Frühgousches Steinzeuggefäß mit Reliefbelag.
In Karlsruhe.

Die Spätgotik brachte dem rheinischen Steinzeug als wichtigste Neuerung die Salzglasur. Wo und wann sie zuerst aufkam, ist nicht zu bestimmen; wir sehen nur, daß sie in der zweiten Hälfte des 15. Jahrhunderts in Cöln, Siegburg und Raeren schon bekannt war. In dieser Zeit wird die Tonmasse verbessert; sie erhält in Cöln und wenig später in Raeren die natürliche Braunfärbung, in Siegburg nähert sie sich dem Weißgeschirr der Blütezeit. Damit beginnen die Arbeiten der verschiedenen Töpferorte des Rheinlands sich deutlich von einander zu unterscheiden.

---

[1] Vgl. Das gotische Steinzeug von Dreihausen, in der Monatsschrift des K. K. österr. Museums, Kunst und Kunsthandwerk, X. Jahrgang 1907. S. 295.

V. CÖLN-FRECHEN

Es ist nicht erwiesen und auch gar nicht wahrscheinlich, daß die Cölner Krugbackerei weiter zurückreicht, als die Siegburgische. Trotzdem empfiehlt es sich, die Darstellung der ersteren voraus zu nehmen, weil der Uebergang zum Kunstgewerbe sich in Siegburg erst nach dem Aufschwung der Cölner Töpferkunst und unter deren unmittelbarem Einfluß vollzogen hat.

Die Töpfereien von Cöln und Frechen standen in so naher Verbindung, daß ihre Erzeugnisse nicht gut auseinander zu halten sind. Das Dorf Frechen liegt ungefähr eine Stunde Wegs vor der Stadtmauer Cölns. Seine Tonlager lieferten die Erde, die in der Stadt verarbeitet wurde. Die stadtcölnischen Krugbäcker waren zum Teil aus Frechen hereingezogen. Und den Meistern draußen auf dem Dorf waren die städtischen Krüge das nächste Vorbild. Sicherlich haben auch manche der aus Cöln vertriebenen Krugbäcker in Frechen ihr Gewerbe fortgeführt. Wohl gibt es einige Gattungen Cölnischer Krüge, die bisher bei Frechener Grabungen noch nicht aufgetaucht sind; zahlreicher aber sind die Arten, die ebenso innerhalb wie außerhalb der Mauern hergestellt wurden.

Das Cöln-Frechener Steinzeug der Spätgotik aus dem 15. Jahrhundert ist durch die oft fehlerlos gelungene natürliche Braunfärbung unter sparsamer, aber ausreichend blanker Salzglasur ausgezeichnet. Weniger rühmlich sind die noch recht unbeholfenen Gefäßformen und völlig kunstlos die Versuche des Reliefschmucks. Es handelt sich dabei zumeist um Gesichter, die nicht aus Hohlformen aufgelegt, sondern freihändig zurechtgekniffen, eingeritzt und geknetet sind (Abb. 29).

Bei so niedrigem Stand des eigenen Könnens ist es begreiflich, daß die Krugbäcker gern nach plastischen Modellen griffen, die nicht für die Zwecke der Töpferei geschaffen waren. Das Cölner Kunstgewerbemuseum besitzt dafür mehrere Beispiele aus dem 15. Jahrhundert. Eine in Cöln ausgegrabene Feldflasche trägt auf der gebauchten Schauseite ein Rundbild mit dem Drachenkampf des heiligen Georg, dessen reiche und feine Modellierung unter der dicken Salzglasur ziemlich verloren geht (Abb. 30). Es ist klar, daß die Form für Abdrücke in anderen Stoff bestimmt war. Das auf die Rückseite einer braunen Kanne (Abb. 31) aufgedruckte, sehr zierlich durchgeführte gotische Marienbild ist augenscheinlich über einer Metallarbeit abgeformt.

Abb. 29. Braune Cölner Flasche mit Dudelsack-
bläser, 15. Jahrhundert. KGW. Museum Cöln.

Abb. 30. Braune Cölner Feldflasche, mit S. Georg.
15. Jahrhundert. KGW. Museum Cöln.

Die geringe Geschicklichkeit in der Formbildung hielt die Cölner Krugbäcker der Gotik nicht ab, sich auch an schwierigere Aufgaben heranzumachen. Das Reichsmuseum in Amsterdam bewahrt ein graues, stellenweis gebräuntes Gefäß von gleicher Arbeit, wie die Kanne mit dem Marienbildchen in Cöln. Den Hals umzieht ein gotischer Zinnenkranz, die zwei unvollständigen Henkel waren als Drachen gestaltet und der mit weitabstehenden Schnuten versehene Körper wird von drei roh modellierten Figuren getragen (Abb. 32, 33).

Das Bild ändert sich vollständig, sobald um 1520 etwa die neue Kunst der Früh-renaissance die Gotik zu verdrängen sich anschickt. Die primitive, unbeholfene Töpferei hebt sich wie mit einem Schlag zum aufblühenden Kunstgewerbe, das seine Technik beherrscht und den Kunstvorlagen der Zeit vielfältigen Zierrat abzugewinnen versteht. Der schnelle Aufschwung des Gewerbes in Cöln ist um so merkwürdiger, als die Krugbäcker bei ihren Mitbürgern keineswegs eine günstige Aufnahme fanden. Die bereits ansässigen Kannenbäcker, die mit den Kachelbäckern oder Ofenhafnern und den Duppenbäckern (die bleiglasierte Irdenware lieferten) der Steinmetzerinnung angehörten, beschwerten sich über die von außen zugezogenen Neulinge, weil sie des Zunftzwangs ledig sich des Krugbackens unterfingen und ihnen selbst die gut angelernten Knechte durch Geschenke abspenstig machten (vgl. Abschnitt IX, Urkunden 1 und 2).

Auch wurde den Neulingen vorgeworfen, daß sie leichtfertige Ware verkauften, die nicht gar gebacken wäre, so daß sie am Feuer zerspränge. Als ihre Zahl anwuchs, da erhoben sich um 1530 Klagen erst gegen Einzelne, dann gegen die Gesamtheit, daß sie ihren Nachbarn lästig würden durch das Brennen, wegen der Feuersgefahr ihres Betriebs und weil sie durch ihren großen Holzverbrauch die Holzpreise verteuerten.

Abb. 31. Braunes Gefäß mit gotischem Marienbild. 15. Jahrh. KGW. Museum Cöln.

Mehr als 30 Jahre hindurch hatten die Krugbäcker, die anfänglich noch mit den Duppenbäckern verwechselt wurden, einen schweren Kampf um ihr Dasein mit dem Rat der Stadt zu führen, da dieser aus den genannten Gründen das Gewerbe bald vollständig unterdrücken, bald durch starke Auflagen auf ein zulässiges Maß beschränken wollte. Eine völlige Austreibung ist schließlich nicht erfolgt; denn mehrere Jahre, nachdem der Streit beendet war, erscheinen noch in einem Einwohnerverzeichnis der S. Lupusgemeinde vom Jahr 1568 neben zahlreichen Duppenbäckern aus Frechen und Wahn auch die Krugbäcker Jorgen, Tylman Blomelink, Konrat Spyser; und noch später, 1589 in der Neugasse Johann von Worringen Kruchenbecker. Es können ihrer auch noch mehrere gewesen sein, denn in den Eintragungen dieser Zeit wird zwischen den Krug- und Duppenbäckern nicht mehr genau unterschieden. Eine starke Einschränkung des Gewerbes hatten die Unterdrückungs-

Abb. 32.   Abb. 33.
Gebräunte Kanne mit Drachenhenkeln und Tragfiguren. 15. Jahrh. Hoch 22 cm. Reichsmuseum Amsterdam.

maßregeln der Stadt aber jedenfalls zur Folge gehabt und einen Niedergang, der den Wettbewerbern von Siegburg und Raeren zu Gute kam.

Die Ratsprotokolle des 16. Jahrhunderts[1] bringen reichliche, obschon einseitige Mitteilungen über das Hin und Her des langen Streites.

Die Eintragungen beginnen am 1. März 1531. Es wird dem Bäcker mit den Duppen in der Glockengasse befohlen, sich innerhalb vierzehn Tagen mit dem Duppenbacken auf ein ander Ende zu werfen oder zu Turm zu gehen. Im Jahr 1533 steht die Frage zur Beratung, ob man die Duppenmacher oder Bäcker binnen Cöln dulden oder leiden solle. Sie erhalten darauf 1534 den Auftrag, sich ihres Backens bis auf weiteren Bescheid zu enthalten und ihm Ziel und Maß zu geben. Der Befehl wird eingeschränkt durch die Erlaubnis, die vorbereitete Ware auszuarbeiten und zu backen, danach aber nicht mehr zu bereiten und zu backen ohne Erlaubnis des Rats. Die Gegenvorstellungen der Töpfer führen zu neuen Verhandlungen; man wollte dem raschen Anwachsen des Gewerbes steuern, ohne es ganz zu unterdrücken. Es wird beschlossen, die Duppenbäcker nicht zu dulden, dann wie von Alters. Ein Versuch, von den Töpfern 1535 eine Abgabe von jedem Ofen, Wagen oder Karren zu erheben, blieb vorläufig ohne Erfolg. Ein Teil der Meister, wahrscheinlich die altangesessenen, suchte nun selbst den Schutz des Rats gegen den steigenden Wettbewerb nach; im Jahr 1536 befiehlt der Rat seinen Rentmeistern, mit den Töpfern zu verhandeln, daß ihrer nicht mehr denn elf, wie sie begehren, sein sollten. Im nächsten Jahr wird ihnen wiederum eine Frist gestellt, um vorbereitete Ware fertig zu machen, mit der Bedingung, danach sich des Backens mit Kruchen und Duppen zu enthalten, weil sie der Rat nach dieser Zeit (11. November 1537) binnen Cöln nicht mehr dulden wolle, da sie

---

[1] Historisches Archiv der Stadt Cöln, Ratsprotokolle Band VIII bis XXI.

die Teuerung mit dem Holz machen und aufbringen. Aehnliche Befehle werden mehrfach erneuert und 1544 durch den Zusatz verschärft, die Kruchenbäcker, da sie der Gemeinde schädlich sind im Backen, mögen ihre Oefen selbst ablegen. Darauf folgen wieder einige Jahre der Ruhe, die von den Töpfern zu weiterer Ausdehnung ihres Betriebs benutzt worden sind. Im Sommer 1547 versucht man es mit Gewalt; drei Beauftragte des Rats sollen mit Werkleuten bei allen Krugbäckern umgehen und ihre Oefen niederlegen. Zweimal wird im Herbst der Befehl wiederholt und obwohl die Krugbäcker untertänig bitten, ihnen zu vergönnen, ihre Nahrung zu treiben, damit sie Weib und Kinder ernähren möchten, dieweil sie nichts anderes gelernt haben, verbleibt es bei den bisherigen Beschlüssen.

In diesem Jahr 1547 versuchten die Duppenbäcker, der Verwechslung ihres Gewerbes mit der Steinzeugbäckerei vorzubeugen und es gelang ihnen, für sich eine mildere Behandlung zu erreichen. Der Bericht der Rentmeister darüber, ob die Duppenbäcker auch schädlich oder leidlich sind, fiel günstig aus; nur zur Aufrichtung neuer Oefen brauchen sie die Genehmigung der Behörde.

Die Krugbäcker waren noch nicht eingeschüchtert; im Jahr 1548 erhielt der Rat die Anzeige, daß sie trotz aller Verbote ihr Backen in der Stadt nicht lassen. Es ergeht daher der Befehl, wen man nach dreiem Tag (16. April 1548) noch darüber befindet, der soll von jedem Gebäck hundert Goldgulden zur Buße geben und wer es am Gelde nicht zu bezahlen hätte, der soll es mit dem Leibe bezahlen. Mehrere Bittschriften der Betroffenen vermochten die harte Verordnung nicht abzuwenden. Anscheinend aber war der Rat schlecht bedient, denn trotz aller Bedrängnis dehnte sich das Gewerbe noch aus. Am 2. Januar 1549 ging die Anzeige ein, daß unangesehen alles Verbietens die Krugbäcker nicht allein ihr Backen nicht lassen, sondern noch neue Oefen aufrichten.

Bald darauf machte sich eine Neigung zu milderer Behandlung geltend. Ein demütiges Bittgesuch der Krugbäcker, sie vor mehrerem Schaden zu verschonen, erledigte man am 13. März 1549 dahin, daß jeder noch einen Ofen brennen dürfe, weil sie schreiben, daß sie gemacht Werk hinter sich haben, mit vorherigem Gelöbnis, alsdann die Oefen selbst niederzulegen. Das Gelöbnis wurde gewohntermaßen nicht gehalten und man begann nun, Gefängnisstrafen zu verhängen. Im Jahre 1551 wurde den Halmeiern an allen Pforten der Stadt befohlen, keinen Krugbäcker Erde einführen zu lassen. Auf die gänzliche Ausrottung und auf die unerschwingliche Buße von 1548 hatte der Rat allmählich verzichtet; er sucht nur noch durch hohe Abgaben den Betrieb einzudämmen. Er hatte ja auch schon einen Erfolg in seinem Sinn erzielt; von den elf Meistern des Jahres 1536 waren 1554 nur noch vier übrig. Sie sollen von jedem neu errichteten Ofen zwei Taler, die Kachel- und Duppenbäcker neun Albus bezahlen, so oft sie backen. Außerdem darf die Zahl der Krugbäcker nicht über die vier noch vorhandenen vermehrt werden, womit diese natürlich einverstanden sind. Weniger erfreulich war ihnen die neue Abgabe. Ihre Bitte, es bei vierundzwanzig Talern jährlich zu belassen, lehnt der Rat am 9. Mai 1554 ab und hält die aus dem vorigen Vertrag sich ergebenden achtundvierzig Taler aufrecht. Die Folge sind verschiedene strenge Mahnungen, dann wieder Gewaltmittel. Die Rentmeister haben 1555 vorgetragen, daß die Krugbäcker ungehorsam sind, die zwei Taler von jedem Ofen nicht bezahlen wollen, daß sie dafür die Oefen haben größer machen lassen und daß sie den Holzpreis verteuern.

Ihre Oefen sind daher einzureißen, kein Ratsmann darf ihretwegen eine Bittschrift einbringen. Im Jahr 1556 haben die Turmherren wirklich etliche Krugbäckern die Gewölbe der Oefen einbrechen lassen, die weiteren Oefen niederzulegen, hätten die Töpfer selbst mit Handschlag gelobt. Wieder wird einer von ihnen, der noch gebacken hatte, zum Turm gefordert und verschärfte Befehle ergehen an Rentmeister und Gewaltrichter, alle Oefen einzuschlagen, weil die Kruchenbäcker wiederum anfangen zu backen, alles einem Rat zu großem schimpflichen Ungehorsam.

In jener Zeit war der Widerstand des Handwerks schon gebrochen; nur vereinzelt kommen noch in den Jahren 1563 und 1564 Beschwerden über säumige Zahlung der Abgaben. Eine Beratung über eine Zunftordnung für die Töpfer im Jahr 1566 blieb ohne Ergebnis; weder damals noch später ist es trotz wiederholter Anträge zur Einrichtung einer Zunft gekommen.

Ein bestimmtes, wenn auch nicht lückenloses Bild der Erzeugnisse dieses trotz aller äußeren Bedrängnisse lebensfähigen Gewerbes ist durch die Aufdeckung der Brüchlingslager von Krugwerkstätten in der Komoedienstraße (1889) und in der Maximinenstraße (1897) ermöglicht

Abb. 34. Trichterkanne mit gotischen Auflagen: Wurzel Jesse. Cöln, Maximinenstraße um 1520. KGW. Museum Cöln.

worden. Der erstere Fund ist wie mancher vorausgehende verstreut worden; die Maximinenstraße dagegen lieferte dem Cölner Kunstgewerbemuseum nebst vielen Scherben eine Sammlung von etwa hundert, zum Teil fehlerhaften und unvollständigen Krügen, die zum ersten Mal die Frührenaissance des rheinischen Steinzeugs enthüllten.

Die Tonmasse der Cölner und Frechener Krüge ist im Bruch und an der Oberfläche dort, wo die Braunfärbung ausblieb, ausgesprochen grau. Es gibt aus Cöln und aus Frechen Krüge, die fleckenlos hellgrau oder blaßgelblich geblieben sind, doch ging die Absicht der Töpfer in der Regel auf das tiefe Kastanienbraun, welches die Raerener später mit öfterem Gelingen herausbrachten. Schon aus dem Anfang des 16. Jahrhunderts sind gotisch verzierte Krüge vom schönsten tiefen Braun vorhanden,[1] die dem besten Raerener Steinzeug gleichkommen. Oefter aber erreichte das Cöln-Frechener Geschirr nur hellbraune und gelbliche Färbung. Die Teilfärbung brauner Krüge mit Kobaltblau, um 1600 in Frechen sehr gebräuchlich, war vor der Mitte des 16. Jahrhunderts noch selten.

An der stärksten Kunstleistung der rheinischen Töpfer, der Erfindung edler Gefäßformen, ist das Cölner Gewerbe nur insofern beteiligt, als es die Vorstufen geliefert hat.

---

[1] Beispiele in den Kunstgewerbemuseen von Cöln, Frankfurt und im Museum zu Darmstadt.

Abb. 35. Cöln-Frechener Bartmänner, 16. Jahrhundert. KGW. Museum Cöln.

Es war bereits im Niedergang, als die anderen Betriebsorte das Hauptgewicht ihrer Arbeit auf die Schaugeräte, auf Kunstkrüge großen Umfangs legten. Schon die mit seltenen Ausnahmen[1]) mäßigen Abmessungen der Cölner Krüge lassen vermuten, daß sie trotz reicher Verzierung noch durchgehend für den wirklichen Gebrauch berechnet waren.[2])

Daher hat die Cölnische Töpferei die einfachen, zum Teil altüberlieferten Formen des Gebrauchsgeschirrs beibehalten und beim Eintritt in die Renaissance veredelt, ohne sie sehr wesentlich zu verändern. Die Umbildung zur Kunstform wurde durchgeführt durch regelmäßigere, strenge Umrißlinien, durch scharfes Absetzen von Hals, Fuß und Körper, durch Hinzufügen von fein gegliederten Profilen am Fuß, an der Lippe und am Ansatz des Halses. Der im 15. Jahrhundert vorherrschende wellig geformte Fuß (Abb. 34) wurde gleichzeitig mit der Aufnahme von Renaissanceverzierungen durch glatt gedrehte und mittels angelegter

---

[1]) Ein Cölner Rankenkrug der Sammlung von Oppenheim ist 52 cm hoch.

[2]) Es ist nicht überflüssig, sich die Gebrauchsbestimmung der verschiedenen Krugformen etwas klar zu machen. A. Pabst hat in dem Tafelwerk über die Sammlung Spitzer, Band III, Les Grès S. 175, die Behauptung aufgestellt, daß die meisten Steinzeugkrüge trotz ihrer oft beträchtlichen Größe wirkliche Trinkgefäße gewesen sind. Er hat dann weiter die schweren, wuchtigen „Trinkgefäße" der deutschen Töpfer mit feinen Venetianer Kelchgläsern verglichen und daraus sehr anfechtbare Schlüsse gezogen (S. 180) auf die rohen Sitten der Deutschen und auf ihre tiefstehende Kultur. Abgesehen davon, daß so verschiedene Werkstoffe wie geblasene Gläser und Steinzeug zu derartigen Vergleichen und Schlußfolgerungen wenig geeignet sind, ist auch die Voraussetzung unrichtig, daß die großen rheinischen Kannen zum Trinken gedient hätten. Keinerlei zeitgenössische Quellen und Bilder rechtfertigen diese Vermutung. Wirkliche Trinkgefäße waren die Trichterhalsbecher einschließlich der Sturzbecher, die Pinten, Schnellen und die daraus abgeleiteten Humpen, die schlichten Becher weiten Mundes, die in jedem Betriebsort gemacht wurden, wenn auch nur wenige erhalten blieben. Alle anderen Formen, bei welchen die Bauchweite erheblich größer ist, als die Mündung, gleichviel ob groß oder klein, dienten zum Ausschänken des Getränkes als Kannen und Flaschen, sofern es nicht reine Schaustücke waren.

Abb. 36. Braune Krüge aus der Maximinenstraße. Um 1540. KGW. Museum Cöln.

Wirkspähne profilierte Fußplatten ersetzt. Nur bei ganz einfachen Krügen der gewöhnlichsten Sorte hat sich der Wellenfuß, wie auf niederländischen Bildern aus dem Volksleben zu sehen ist[1]) länger erhalten. Bloß in Siegburg und in Höhr blieb er auch bei feineren Arbeiten noch im 17. Jahrhundert üblich.

Trotz vieler Abarten und Uebergangsformen lassen sich die Cölner Krüge auf wenige Grundformen zurückführen. Die alten Namen sind nicht bekannt, der Siegburger Zunftbrief gibt zwar eine Menge verschiedener Benennungen von Kannen, Wein- und Bierpötten, Milch- und Kochduppen, Pinten, Schnellen, Bechern, Krausen und Schalen, aber leider keinen Anhalt zur Erkenntnis, auf welche Formen sie sich beziehen.

Aus der romanischen Urne entstand durch trichterartige Ausweitung der Lippe, ganz analog der gleichzeitigen Entstehung des rheinischen Römerglases, eine Trinkbecherform mit ovalem Bauch und breitem Fuß (vgl. Abb. 34). Trichterhalsgefäße größeren Umfangs sind selten, eben weil sie zum Trinken, nicht zum Ausschenken bestimmt waren. Wie in Siegburg gibt es in Cöln solche Becher mit und ohne Henkel. Den Cölner Werkstätten allein eigentümlich ist die fußlose Abart mit beutelförmigem, unten abgeplattetem Bauch. Ueberhaupt sind die Cölnischen Trichterbecher im Vergleich mit den Siegburgischen dickbauchig, niedrig und gedrungen. Die schlanke, feingegliederte Siegburger Renaissanceform, die Solon zu der Bezeichnung Balusterbecher Anlaß gab, ist den Cölnern noch nicht geglückt. Verziert wurden sie nur mit aufgelegten Ranken oder mit Buckelreihen, ausnahmsweis mit Köpfchen und Rosetten am Trichterhals. Aus derselben Grundform sind die seltenen

---

[1]) Beispiele: Die Bauernhochzeit von Peter Breughel d. A. von 1568, der Bauerntanz desselben, beide im Wiener Hofmuseum.

Abb. 37. Kanne mit Querfries nach Allaert Claesz (B. 46).
Hoch 28 cm. Cöln Maximinenstraße. KGW. Museum Cöln.

Sturzbecher in Gestalt dickbauchiger Männer entstanden, bei welchen der Fuß durch einen menschlichen Kopf ersetzt ist. Nur Cöln-Frechen und Siegburg haben Sturzbecher gemacht; Raeren hat die Trichterbecher nicht angenommen.[1]

Zu den ältesten Formen gehören ferner die gehenkelten Krüge mit birnförmigem Bauch und weiter Oeffnung (Abb. 35). Da der Bauch ohne scharfe Trennung in allmählicher Verjüngung in den Hals übergeht, bot diese Form die beste Gelegenheit zur Anbringung des alten Ziermittels der Bartmasken. Die übrige Fläche wurde in der Maximinenstraße vorwiegend mit Eichen- und Rosenranken umsponnen, während die Werkstatt der Komoedienstraße und die Frechener Töpfer die Verzierung mit einem um die Weite des Bauches laufenden Friesstreifen nebst darüber und darunter aufgelegten Rundbildchen und Akanthusblättern bevorzugten. Durch Anfügen einer schräg ansteigenden Ausgußröhre mit einem Verbindungsarm entstand aus dem Birnkrug die älteste Form der Schnabelkanne, die sich in Cöln nur in einem einzigen Stück im Ofen der Komoedienstraße gefunden hat.[2] In dieser Form hat Siegburg die Schnabelkanne übernommen.

Als eine Neubildung der Renaissance darf man die Krugform mit Kugelbauch und gradlinig ansteigendem, von der Schulter scharf abgesetztem Hals betrachten (Abb. 36). Dies ist ersichtlich die beliebteste Gattung der Maximinenstraße gewesen und sie ist demgemäß mit aller Sorgfalt verziert worden. Die Vorläufer der Form, rundbauchige Kannen ohne Fußring, bei welchen der enge Hals von der Schulter noch nicht in entschiedener Trennung sich absetzt, haben zwar cölnische Werkstätten neben den Frechenern in Mengen geliefert, aber für feinere Ausstattung hat die ursprüngliche Form nur wenig Anklang gefunden. Die Kugelbauchkrüge haben weiten und niedrigen oder hohen und engen Hals; bei den

---

[1] Die Trichterbecher mit und ohne Fuß und die Sturzbecher kommen auch unter den buntglasierten Hafnergeschirren der Cölner Kachelbäcker vor, deren Werke sich naturgemäß in Form und Verzierung mit dem gleichzeitigen Cölner Steinzeug vielfach berühren. Vgl. „Cölnische Hafnergeschirre" im Jahrbuch der Kgl. preuß. Museen XIX S. 191. Die Formverwandtschaft ist so augenfällig, daß sie allein hinreichen würde, die cölnische Herkunft der ältesten deutschen Hafnergeschirre um 1530 zu beweisen, die neuerdings wieder für Nürnberg beansprucht wurden, obwohl auch Scherbenfunde den cölnischen Ursprung sicherstellen.

[2] Jetzt in der Sammlung Dümler in Höhr.

gotischen Stücken ist der Hals nach oben leicht verjüngt. Bei den mit reicherem Renaissancezierrat ausgestatteten Kannen ist in der Regel die Mitte des Bauches von einem wagrechten Fries mit Blattgewinden, seltener mit Jagden und dergleichen (vgl. Abb. 47) umzogen. In einigen Fällen hat dieser Fries eine stärkere Höhenentwicklung erhalten; dadurch entstand eine neue Krugform mit ovalem Bauch (Abb. 37), das erste Vorbild und die Grundlage jener Schenkkannen, in deren Fortbildung später Raeren sein bestes geleistet hat.

In großen Mengen sind die einfachen humpenförmigen Bierkrüge, Pinten oder Schnellen genannt, von verschiedenen Größen gearbeitet worden, nicht nur des starken Verbrauchs wegen, sondern wohl auch deshalb, weil die glatte, ungegliederte Wand die bequemste Fläche für figürliche Auflagen darbot. Da mittelalterliche Pinten nicht bekannt sind, scheint die Form erst im 16. Jahrhundert bei den Töpfern aufgekommen

Abb. 38. Pinte mit Masken und Rosen, Maximinenstraße um 1540. KGW. Museum zu Cöln.

zu sein. Es ist eine der wenigen Steinzeugformen, die nicht in der Töpferei selbst entstanden sind. Sie stammt vielmehr aus der Böttcherarbeit, wo sie noch in den hölzernen Lichtenhainer Kännchen nachlebt. Daher sind die Steinzeugpinten oben und unten mit zwei bis vier wagrechten Wulsten versehen, die an die umgelegten Holzreifen der Böttcherarbeit erinnern. Das ist namentlich an den langen Siegburger Schnellen unverkennbar. In Cöln haben kleine Pinten die Reifen schon frühzeitig abgestreift (Abb. 38); in der zweiten Hälfte des 16. Jahrhunderts werden die einfachen Wulste (vgl. Abb. 36) auch bei größeren Schnellen durch Renaissanceprofile mit dem der Maximinenstraße eigenen Zahnschnitt (Abb. 39) ersetzt.

Bei den Raerener Schnellen ist die Aehnlichkeit mit den Holzkannen noch mehr verwischt, indem die Wulste mit Hohlkehlen abwechseln; ein Zeichen, daß Raeren die Schnelle nicht aus der Böttcherarbeit, sondern durch Vermittlung des Cölner Steinzeugs erhalten hat.

Die Cölner Pinten sind im Vergleich mit den Siegburgischen im Allgemeinen breiten Fußes und — besonders die ältesten — nach oben stark verjüngt (vgl. Abb. 36 und Tafel II); auch überwiegen unter den Funden der Maximinenstraße Pinten von geringerer Größe, als sie anderwärts üblich war. Alle großen Cölner Schnellen tragen an der Innenseite ein sicheres Kennzeichen ihrer Cölnischen Herkunft; sie sind regelmäßig mit drei in bestimmten Abständen übereinander hervorstehenden Knöpfchen oder Spitzen versehen, die den vierten

8*

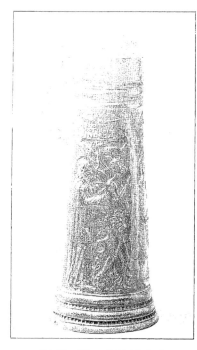

Abb. 39. Cölner Antichristschnelle.
Sammlung Figdor.

Teil des Hohlmasses anzeigen sollen. Dadurch ist eine Verwechslung mit den Raerener Schnellen, die um 1570 die Cölnischen oft recht genau nachahmen, ausgeschlossen.

Eine Gattung, von der man annehmen kann, daß sie mehr als Schaugerät wie zum Gebrauch gemacht wurde, sind die Deckelkrüge in Tierform. Sie scheinen eine Neuschöpfung der Frührenaissance, wenigstens sind gotische Vorbilder, auch in der Goldschmiedekunst, nicht bekannt. In Cöln sind drei Formen, Eulen, Löwen und Bären hergestellt worden (Abb. 40). Der Kopf des Tieres bildet den über den Hals gestülpten Deckel; das Gefieder der Eulen, die Mähne der Löwen ist aus Formen aufgelegt, das Fell der Bären geritzt. Die Eulenkrüge waren am häufigsten, vielleicht weil sie den Krugbäckern, die am Rhein Euler, Eulner, Ulner hießen, wegen des Gleichklangs als Sinnbild ihres Handwerks galten. Die Eule ist auch außerhalb Cölns im 16. Jahrhundert in die Töpferkunst aufgenommen worden; Siegburger Eulen aus weißem Steinzeug sind nicht selten[1]), aus bemalter Fayence gibt es Eulen von süddeutscher Arbeit.[2]) Die Werkstatt der Maximinenstraße ist eine Hauptquelle der Tierkrüge gewesen; namentlich von Eulen und Löwen wurden viele Scherben gefunden, darunter auch Bruchstücke mehrerer Exemplare desselben großen Eulenkrugs in der Sammlung v. Oppenheim, den Solon als Musterstück flämischen Stils betrachtete.[3])

A. DIE WERKSTATT IN DER MAXIMINENSTRASSE

Die Reliefbeläge der Gefäße aus der Maximinenstraße bieten das Bild eines rührigen und künstlerisch hochstehenden Betriebes. Ihre Vielseitigkeit an Ornamenten und Figuren ist um so merkwürdiger, als die Werkstatt doch nur wenige Jahrzehnte tätig war. Alle Zierraten sind aus Hohlformen ausgedrückt; die gekerbten und gestempelten Muster waren in Cöln noch unbekannt.

Die älteste und zugleich die häufigste Verzierung der Maximinenwerkstatt bilden jene Eichenzweige und Rosenranken, die in vielen Sammlungen reichlich vertreten sind

---

[1]) Beispiele in den Museen Cöln, Trier, Darmstadt, Gent; Sammlung v. Oppenheim.

[2]) Kunstgewerbemuseum in Cöln, Breslau, Brüssel, Kaufbeuren; vgl. K. Masner, Jahrbuch des Breslauer Kunstgewerbemuseums.

[3]) Abgeb. Pabst, Sammlung v. Oppenheim, Taf. 7; Solon I, Fig. 136.

Abb. 40. Tierkrüge, Maximinenstraße. KGW. Museum Cöln.

(vgl. Abb. 36). Die Behauptung Dornbuschs, daß auch Frechen solche gotisierenden Rankenkrüge geliefert hat, ist seither durch viele Funde in Frechen bestätigt worden. Dabei ist zu bemerken, daß die Frechener Ranken den Cölnischen in keiner Weise nachstehen. Es läßt sich daraus schließen, daß die Frechener Krugbäckerei durch das Aufblühen der stadtcölnischen Betriebe nicht herabgemindert worden ist, sondern gleichen Schrittes mitging. Fraglos sind die Rankenkrüge, wie die vielen wohlerhaltenen Gefäße und die vielen Hunderte von Scherben erweisen, während der ersten Jahrzehnte, etwa von 1520 an, die eigentliche Massenware der Töpfer in der Maximinenstraße gewesen. Mit viel Geschick haben sie das bei aller Einfachheit wirkungsvolle Ziermittel durch vielseitigen Wechsel in der Zahl, Form und Anordnung der Blätter, Eicheln und Rosen lebendig zu erhalten verstanden (Abb. 41). Bei vielen Rankenkrügen sind vorn über dem knorrigen Ast, aus dem fast immer die Zweige herauswachsen, kleine Eulen, Falken, Löwen angebracht, oder auch Wappen von Städten und Cölnischen Familien. Außer dem Wappen von Cöln fanden sich am häufigsten diejenigen von Amsterdam und Antwerpen, ein Zeichen, daß schon damals für die Ausfuhr gearbeitet wurde.

Die gotische Abkunft der Rankenmuster kommt noch stärker als bei den ziemlich naturähnlich geformten Eichen- und Rosenzweigen bei den stilisierten Blättern und Blüten zum Vorschein. Die wenigen wohlerhaltenen Krüge rein gotischen Rankenornaments, (in den Museen von Cöln, Frankfurt, Darmstadt) sind besonders gut gearbeitet; mit Recht bemerkt

— 53 —

Solon, der diese Stücke noch unter Frechen einreiht, daß die Werkstatt, welche so vollkommene Stücke liefern konnte, hinter keiner anderen zurücksteht. Einige dieser Krüge greifen bereits in das figürliche Gebiet hinüber, indem die Ranken zur Darstellung der Wurzel Jesse benutzt sind (vgl. Abb. 34), wobei die Halbfiguren der Stammväter und der Jungfrau aus gotischen Blüten an den Zweigendungen herauswachsen.

Daß auch die Krüge mit einfachen Eichen- und Rosenranken trotz ihrer Menge nicht als minderwertige Ware galten, kann man der reichen Ausstattung entnehmen, die den Hälsen oft zu Teil geworden ist. Sie haben dem Meister der Maximinenstraße Gelegenheit geboten, seinen erstaunlichen Reichtum an figürlichen und ornamentalen Formen zu entfalten. Von einfacher Musterung aus Rosetten, gotischen Blüten und Köpfchen steigert sich die Verzierung zu antikisierenden Rundbildern in Kränzen, Masken und Rosen in Quadraten (vgl. Abb. 38) und zu kräftig modellierten Halbfiguren in der Zeittracht unter Bogenstellungen (vgl. Abb. 37) oder Kindern in gotischen Spitzbogen.

Abb. 41. Cölner Bartkrug mit Rosenranken.
Museum Mettlach.

Die Eichenzweige, Rosen- und Distelranken sind zwar ein spätgotisches Ornament, dessen sich das 15. Jahrhundert in jeglicher Technik bediente; in die Töpferkunst sind sie aber erst durch die Cölnischen Krug- und Kachelbäcker um 1500 eingeführt worden. Solons Behauptung, daß die Ranken des rheinischen Steinzeugs auf ähnliche Muster der roten aretinischen Geschirre zurückgehen (II S. 21), ist unhaltbar; weder sind Rankenkrüge des frühen Mittelalters bekannt, noch finden sich unter den zahllosen am Niederrhein zu Tag gekommenen Beispielen des römischen Steinguts solche aufgelegten Ranken.

Rankenkrüge, die nach ihrem Stil und der Glasurfarbe noch dem Ausgang des 15. Jahrhunderts zugewiesen werden können, gehören zu den größten Seltenheiten; sie genügen aber doch, um festzustellen, daß die Krugbäckerei das Rankenmotiv schon aufgenommen hatte, bevor es Anton Woensam in seinen Musterblättern des Quentelschen Modelbuchs weiter verarbeitete. Das Buch erschien in Cöln 1527, also grade zu der Zeit, als die Rankenkrüge am meisten in Mode waren. Bei der augenfälligen Aehnlichkeit mehrerer Blätter des Modelbuches mit den Krugverzierungen muß man daher annehmen, daß Anton Woensam das Ornament aus der Töpferei entlehnte. Die Töpfer haben die Ranken kaum länger als bis zur Mitte des 16. Jahrhunderts beibehalten; es ist immerhin bezeichnend für das Nachlassen ihrer Beliebtheit, daß sie auch aus der Auflage Quentels von 1544 bereits wieder verschwunden sind.

Eine glückliche Erfindung der Cölner Krugbäcker waren die langbärtigen Masken, die als Halsverzierung den Krügen die Bezeichnung Bartmann verschafft haben. An Häufigkeit

Abb. 42. pinte mit Blattgewinden,   Abb. 43. Pinte mit Flechtmuster,   Abb. 44. Pinte mit Ornament nach
Maximinenstraße. KGW. Museum   Maximinenstraße. KGW. Museum   Aldegrever (B. 258), Maximinen-
Cöln.   Cöln.   straße. KGW. Museum Cöln.

wetteifern sie mit den Ranken und übertreffen sie noch insofern, als die Bartmannskrüge
während der ganzen Dauer des Betriebs hergestellt worden sind. Bei ihrer Beliebtheit ist
es natürlich, daß sie nicht nur in Frechen, wo sie der Hauptzierrat wurden, sondern auch in
Siegburg und Raeren Nachahmung fanden. Die Masken sind vorwiegend an den Birnkrügen
weiten Halses, an Kugelkrügen und den Uebergangsformen zwischen beiden angebracht.

Die mittelalterlichen Vorstufen der Bartmasken sind bereits erwähnt worden; zur Kunstform hat erst die Renaissance den Bartmann umgebildet. Von da an ist der Vollbart ein
wesentlicher Bestandteil und die ganzen Masken werden nun aus einheitlichen Hohlformen
abgedrückt. Der Rand des Halses ist häufig so gestaltet, daß er mit dem Zinndeckel als
Hut wirkt. Die Werkstatt der Maximinenstraße hatte gleichzeitig verschiedene Maskenformen
in Gebrauch, die sich durch die Bildung des wallenden Vollbarts unterscheiden: bald ist er
künstlich geflochten, bald in Zöpfen geordnet; dann wieder kurz gelockt in einer an den
antiken Jupitertypus erinnernden Form, in dünnen Strähnen flach ausgekämmt oder mit auf-
gedrehtem Schnurrbart verbunden. Gemeinsam ist allen Cölnischen Bartmännern, daß keine
stilisierte Fratze, wie bei den späteren Frechener Krügen um 1600, sondern ein männlich
schöner Kopf angestrebt worden ist. Gelegentlich sind der Maske noch Arme zugefügt —
keine Verbesserung der Wirkung — oder sie wird als Narrenkopf in Schellenkappe, als
Dudelsackpfeifer und ähnlich gestaltet.

Auf Schnellen und Pinten sind die landläufigen Ranken selten übertragen worden.
Für diese Trinkgefäße hat die Maximinenstraße eine Reihe ornamentaler Beläge geschaffen,
die erst durch die Ausgrabung bekannt wurden.

Gotische Anklänge leben noch in den schräg gelegten Rankenstreifen (Abb. 42), die
einigen Blättern in Quentels Modelbuch ähnlich sind. Gleich selten sind die Schnellen,
deren Unterteil mit Flechtwerk schanzkorbartig umzogen ist, während darüber Brustbilder
in der Zeittracht hervorschauen (Abb. 43). Ein Lieblingsmuster der Werkstatt waren die in

Abb. 45. Ornamentstich von H. Aldegrever (B. 258).

Viereken geordneten Masken und Rosen (vgl. Abb. 38). In ähnlicher Feldereinteilung erscheint die fortgeschrittenste ornamentale Bildung, Grotesken, Masken, Füllhörner und Ranken nach einem Stich Heinrich Aldegrevers (B. 258) vom Jahr 1536 (Abb. 44 und 45). Diese Reliefs wurden auch auf birnförmigen und kugelbauchigen Krügen angebracht.[1]) Hier bedeckt das Aldegreverornament nur die obere Krughälfte, der untere, durch einen wagrecht umlaufenden Blattfries abgetrennte Teil ist in der Regel mit einer Reihe von Buckeln belegt.

Die der Maximinenstraße allein eigentümliche Buckelung ist wohl Metallgefäßen nachgebildet. Sie tritt auf allen Krugformen mit Ausnahme der Schnellen auf, in einfachen oder Doppelreihen, bald dicht gedrängt, bald mit weiten Abständen (Abb. 46). Die Buckel selbst sind glatt eiförmig, wellig geflammt, mit Akanthuslaub umrahmt, oder in einer an mittelalterliche Edelsteinfassung erinnernden Form mit Zacken umrandet (Abb. 47).

Den Uebergang zu den rein figürlichen Stücken bilden die Krüge mit Brustbildern in Rundfeldern (vgl. Abb. 36). Sie waren eine bevorzugte Gattung. Die Rundbilder erreichen bei einigen Krügen im Cölner Kunstgewerbemuseum einen Durchmesser von 7 cm. Die Köpfe sind mit Ausnahme einer regelmäßig in der Mitte der oberen Reihe aufgelegten Frauenbüste nur im Profil dargestellt und meist antikisierend gebildet. Für die gangbare Annahme, daß antike Münzen die Vorlagen solcher Rundbilder auf Cölner und Frechener Krügen waren, fehlt jeder Beweis. Sie sind bloß ein Bestandteil des allgemeinen Frührenaissanceornaments italienischer Abkunft.

Der Figurenvorrat umfaßt ein weites Gebiet: biblische, mythologische und allegorische Bilder, geschichtliche Figuren und solche in der Zeittracht. Wie bei den Ornamentschnellen sind auch hier für jede Pinte je drei Matrizen angewandt und daher drei Gruppen oder drei Figuren auf einen Krug vereinigt. Einige Darstellungen sind massenhaft wiederholt worden, andere nur in Einzelstücken oder Scherben erhalten. Zu den ersteren gehören drei Landsknechte, die augenscheinlich nach Kupferstichen ausgeführt sind, ferner die Planetengötter (Abb. 48 u. 49), Jupiter, Merkur und Sol, genau einer Kupferstichfolge des Nürnberger Kleinmeisters I. B. aus dem Jahr 1528 (B. 11—17) nachgebildet. Dann der Sündenfall, teils genau und sehr geschickt nach dem Stich des Marc Anton (B. 1) vom Jahr 1510, teils in freier Erfindung; schließlich drei Gruppen von je drei nackten Kindern, von denen einige Waffen, andere Musikinstrumente tragen, einer eine Fahne mit den drei Kronen des Cölner

---

[1]) Vgl. Kunst und Kunsthandwerk, Monatsschrift des K. K. österr. Museums, 1898, I S. 56, Abb. 2.

b. CÖLNER PINTE AUS DER MAXIMINENSTRASSE UM 1530.

Kunstgewerbe-Museum Cöln.

a. CÖLNER PINTE MIT TUGENDEN NACH I. B.
MAXIMINENSTRASSE UM 1540.

Kunstgewerbe-Museum Cöln.

Abb. 46. Gebuckelte Kannen aus der Maximinènstraße. KGW. Museum Cöln.

Stadtwappens. Für die Landsknechte und Kindergruppen sind im Lauf der Zeit verschiedene Matrizenfolgen verbraucht worden; die älteren sind besser, aber seltener. Diesen Pinten ist eine weniger häufige Schnelle mit der Justitia, Temperantia und Fortitudo nach Stichen des Meisters I. B. anzuschließen (Tafel I).

Für den Geschmack der Abnehmer ist es kein schlechtes Zeichen, daß die verbreitetsten Krugbeläge auf Kupferstiche zurückgehen. Denn die in der Werkstatt selbst geschaffenen Figuren, zu denen das Martyrium des heiligen Sebastian (vgl. Abb. 36) gehört, stehen nicht unerheblich zurück. Die Zeichnung ist oft etwas unbeholfen, das Relief derb und ungleich behandelt, bald zu hoch, bald zu flach. Dafür entschädigen manche der selbständigen Arbeiten durch eine gewisse Ursprünglichkeit. Ein gutes Beispiel sind die kleinen Pinten mit spielenden Kindern unter gotischen Bogen (Tafel I).

Besonders oft wurde der Sündenfall in verschiedenen Größen, mit sitzenden oder stehenden Figuren dargestellt (Abb. 50 und 51), ferner Landsknechtbilder.[1]

In wenigen Beispielen oder auch nur in Bruchstücken erhalten sind St. Georg mit dem Drachen (Museum Aachen, Kunstgewerbemuseum Cöln), das Parisurteil, Lazarus und

---

[1] Gute Beispiele von Sündenfallschnellen mit stehenden Figuren im Kunstgewerbemuseum Cöln und in der Sammlung Oppler in Hannover; mit sitzenden Figuren in den Kunstgewerbemuseen von Wien und Berlin, im bischöflichen Museum zu Münster i. W., in der Sammlung Hetjens.

Abb. 47. Gebuckelte Kanne mit Jagdfries. Maximinenstraße.
Sammlung v. Oppenheim.

Abb. 48 und 49. Kleine Pinten mit Landsknechten und Planeten nach Stichen des I. B.
Maximinenstraße. KGW. Museum Cöln.

9*

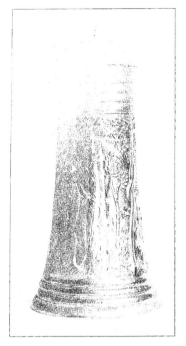

Abb. 50. Cölner Sündenfallschnelle   Abb. 51. Cölner Sündenfallschnelle. Hoch 22 cm.
KGW. Museum Cöln.   Sammlung Oppler.

der reiche Prasser,[1]) Narrengestalten zu Pferd, die Standfiguren Kaiser Karls V., König Ferdinands und des Kurfürsten Friedrich von Sachsen.[2])

Die Krüge aus der Maximinenstraße tragen 'keine Jahreszahlen oder Meisterzeichen. Eine ungefähre D a t i e r u n g ermöglichen der Stil der Ornamente, die Tracht der Figuren und die Vorlagen, deren Entstehungszeit bekannt ist. Bei dem reichlichen Angebot von Ornamentstichen in der ersten Hälfte des 16. Jahrhunderts braucht man nicht anzunehmen, daß ein so regsamer Betrieb in einer Stadt wie Cöln veraltete Vorlagen benützt hätte; man wird vielmehr vermuten dürfen, daß das Erscheinen der Stiche und ihre Verwendung in der Krugbäckerei ziemlich zusammenfallen. Die Blütezeit der Rankenmuster wird durch die Aufnahme ähnlicher Ornamente in Quentels Modellbuch und durch die zum Teil noch gotischen Halszierraten von Rankenkrügen ungefähr auf die Zeit von 1520 bis 1535 begrenzt; auch die noch gotisierenden Blattgewinde in Schrägstreifen (vgl. Abb. 42) sind den Muster-

---

[1]) Sammlung Hetjens, Kunstgewerbemuseum Cöln und Nationalmuseum München, abgeb. Solon II, Fig. 145. Dieselbe Darstellung findet sich auch auf Cölner Ofenkacheln der Zeit um 1535 im Berliner Kunstgewerbemuseum.

[2]) Sammlung Hetjens und Britisches Museum, abgebildet Solon I, Fig. 77. Die dort gegebene Datierung auf 1555 bis 1556 beruht auf einem Mißverständnis.

blättern Quentels gleichzeitig. Die rein gotischen Rankenkrüge wird man kaum vor 1520 ansetzen dürfen, denn die Köpfchen auf den beiden Kannen mit der Wurzel Jesse in Cöln und Darmstadt (vgl. Abb. 34) verraten bereits die Renaissance und vor 1520 hat diese das Cölner Kunstgewerbe noch nicht berührt. Auch halten sich gotische Bauformen, Spitzbogen und Fialen noch vielfach auf solchen Krügen, die nach ihrer sonstigen Ausstattung in die Jahre um 1530 gehören. Die benutzten Kleinmeisterstiche führen auf die Jahre um 1535 und damit stimmt auch die Tracht vollkommen überein. Das Ergebnis ist, daß der Betrieb in der Maximinenstraße bald nach 1520 begann und bis etwa 1540 in Blüte stand.

B. DIE WERKSTATT HERMANN WOLTERS IN DER KOMOEDIENSTRASSE

Diese Krugbäckerei war lange nicht so vielseitig. Die Massenware bildeten die in Mengen erhaltenen, meist unter Frechen gehenden Birnkrüge mit weiter Oeffnung, deren Verzierung aus einer schön modellierten, ziemlich rechteckigen Bartmaske, einem schmalen Querfries mit Ranken oder Grotesken um die Weite des Bauches, und aus zwei Reihen kleiner Rundbildchen mit zwischenstehenden Akanthusblättern besteht. Solche Krüge sind ebenso oft mit den Sprüchen „Drink und est, Got nit vergest" oder „Wan Got wil ist mein Zil" in Frechen gemacht worden, zum Teil in sehr nachlässiger Ausführung. Unter den Bartmasken sind oft mehrere Traubennoppen, wie bei Römergläsern, aufgedrückt. Die Bartmasken zeigen wenig Abwechslung. Seltener und von feinerer Arbeit sind Krüge gleicher Ausstattung mit Kugelbauch und engem Hals.[1] Auch Figurenschnellen wurden in der Komoedienstraße gemacht, aber sie sind von den Arbeiten der Maximinenstraße schwer zu unterscheiden.

Die Werkstatt in der Komoedienstraße ist jünger als die vorher besprochene; ihre beste Zeit fällt in die zweite Hälfte des 16. Jahrhunderts und der Betrieb reichte über 1570 hinaus. Die auf einer Kugelkanne des Clunymuseums vorn eingeritzte Jahreszahl 1523

Abb. 52. Brauner Rosenkrug 1558. Cöln, Komoedienstraße. KGW. Museum Cöln.

[1] Besonders gute Beispiele im Clunymuseum und im Museum zu Sèvres.

— 61 —

Abb. 53. Cöln-Frechener Dreikant-Krug, Sammlung v. Oppenheim.

scheint eine spätere Zutat zu sein; alle echten Datierungen beginnen nach 1550. Eine Birnkanne im Cölner Kunstge-werbemuseum, oben mit Grotesken nach Aldegrevers Stich B. 276 von 1549 belegt, unten mit den üblichen Rund-bildchen, hat die Jahreszahl 1555. Eine nicht häufige Gat-tung der Komoedienstraße bilden Kugelkannen mit engem Hals, belegt mit einer Bartmaske und mit Rosetten oder Traubennoppen, die dicht gereiht die ganze Fläche über-ziehen. Das zierlichste Stück der Art im Cölner Kunst-gewerbemuseum (Abb. 52) stammt aus dem Jahr 1558, ein anderer Krug im Wiener Hofmuseum von 1576.

Dem Meister der Komoedienstraße ist es gelungen, durch Schuldenmachen seinen Namen auf die Nachwelt zu bringen. Da er nicht zahlen konnte, mußte er zu Turm gehen und das Turmbuch des Cölner Stadtarchivs hat aus diesem Grund den „Kruchenbäcker HERMANN WOLLTERS in der Schmierstraßen (der alte Name der Komoedien-straße) wonhaftig" im Jahr 1564 aufgezeichnet und es berichtet weiter zum 20. Dezember 1565, daß er Bürgen gesetzt habe, um seine Schulden zu bezahlen.

C. DIE WERKSTATT AM EIGELSTEIN

Künstlerisch hochstehend ist eine dritte stadtcölnische Krugbäckerei, deren Oefen sich nicht weit von der Maximi-nenstraße, am Eigelstein, einer Torstraße Cölns, befunden haben sollen, nach einer annehmbaren Ueberlieferung, deren volle Glaubwürdigkeit zur Zeit aber nicht mehr erweisbar ist. Ihre Hauptwerke sind große Schnellen mit je drei ornamentalen Hochfüllungen von besonders klarer und kräftiger Reliefbildung, die den geschnitzten Füllungen rheinisch-westfälischer Frührenaissancemöbel ähnlen. Die Mitte jeder Füllung nimmt ein Rundfeld ein mit antikisierenden Köpfen, mit den Brustbildern Karls V., seines Bruders König Ferdinand I. und des Kurfürsten von Sachsen, oder mit Halbfiguren der Fortitudo, Patiencia, Spes und Charitas, umgeben von Kleinmeisterlaub mit eingeordneten Kindern, Reitern, Grotesken und Füllhörnern (Tafel II). Vier Hauptstücke dieser seltenen Gattung besitzt die Sammlung Hetjens,[1] eine geringere Schnelle mit den erwähnten Fürsten-bildnissen das Brüsseler Kunstgewerbemuseum, andere Stücke das Kunstgewerbemuseum Cöln. Die Schnellen mit den Fürstenbildern sind nicht vor 1531 entstanden, das ist das Jahr, in dem Kaiser Karl und Ferdinand I. anläßlich der Königswahl des letzteren in Cöln verweilten und in dem auch die Gründung des Schmalkaldischen Bundes den Kurfürsten

---

[1] Diese ungemein reiche Steinzeugsammlung, in welcher die meisten und wichtigsten Ausgrabungs-funde aus Siegburg und Raeren mit wohlerhaltenen Krügen vereinigt sind, befindet sich zur Zeit noch in Aachen, wird aber von der Stadt Düsseldorf, der sie als Vermächtnis zufiel, demnächst in der Nähe des dortigen Kunstpalastes aufgestellt und allgemein zugänglich gemacht werden.

Friedrich von Sachsen als den Führer des evangelischen Deutschlands in den Vordergrund schob. Aus der Blütezeit der Eigelsteinwerkstatt stammt noch der Reliefbelag einer dreikantigen Schnabelkanne der Sammlung v. Oppenheim (früher Spitzer), mit je zwei antikisierenden Köpfen und der Jahreszahl 1539 im Rundfeld (Abb. 53). Die Kanne selbst ist nicht 1539, sondern erst um 1570 ausgeführt. Denn sie gehört zu einer vierseitigen Feldflasche im Museum von Sèvres, die vorn und hinten mit derselben Form von 1539 belegt ist, auf den Schmalseiten aber die Figuren der Judit und Lucretia mit der Jahreszahl 1569 aufweist. Die Vorliebe der Werkstatt für ungewöhnliche und kantig gestaltete Gefäßformen äußert sich noch in einem vierseitigen Krug des Cölner Kunstgewerbemuseums (Abb. 54), auf dessen Flächen das Bild Wilhelms von Oranien viermal wiederkehrt.

Die Ranken und Grotesken der Schnellen werden in der zweiten Hälfte des 16. Jahrhunderts flacher, zierlicher und dem Siegburger Reliefstil angenähert. Diese Stufe veranschaulicht am besten eine Schnelle mit der Kreuzigung und Auferstehung im Frankfurter Kunstgewerbemuseum (Abb. 55).

Abb. 54. Cöln-Frechener Vierkantkrug mit dem Bild Wilhelms v. Oranien. KGW. Museum Cöln.

Der Betrieb war damals infolge der äußeren Bedrängnisse bereits aus der Stadt nach Frechen hinaus verlegt worden. In Frechen haben sich nicht nur mehrere Brüchlinge der in Frankfurt vertretenen Schnellenart vorgefunden (im Cölner Kunstgewerbmuseum), sondern es ist auch ein dem 17. Jahrhundert angehöriger Krug dort ausgegraben worden (ebenfalls im Kunstgewerbemuseum Cöln), auf dem das Relief von 1539 nochmals abgeformt ist.

Auf Grund stilistischer Verwandtschaft mit den Figuren der Judit und Lucretia auf der Feldflasche in Sèvres kann man der Werkstatt am Eigelstein noch einige große Schnellen zuschreiben mit allegorischen Frauen, Glaube, Geduld, Gerechtigkeit, die den Plaketten Peter Flötners ziemlich unbeholfen nachgebildet sind[1], mit dem Sündenfall und mit einem Liebespaar am Brunnen (Abb. 56)[2], ferner mit Judit und Esther von 1566.[3] Mit diesen späteren Schnellen hat die Cöln-Frechener Werkstatt auf den Raerener Jan Emens einen ebenso starken Einfluß ausgeübt, wie mit ihren älteren ornamentalen Pinten im Frührenaissancestil auf Siegburg. Das werden wir später im Einzelnen verfolgen können.

---

[1] Kunstgewerbemuseen Cöln und Brüssel.
[2] Sammlung v. Oppenheim und Sammlung Hetjens.
[3] Reichsmuseum in Amsterdam.

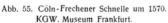

Abb. 55. Cöln-Frechener Schnelle um 1570.   Abb. 56. Cölner Schnelle mit Liebespaar am Brunnen.
KGW. Museum Frankfurt.   (Henkel ergänzt). Sammlung v. Oppenheim.

D. FRECHEN

Das Beispiel dieses bedeutenden Betriebes, dessen Entwicklung sich teils in der Stadt, teils auf dem Dorf abgespielt hat, gibt allein schon einen Begriff davon, wie schwer eine reinliche Scheidung zwischen Cölner und Frechener Steinzeug durchführbar ist. Die Rankenkrüge der Frühzeit, die Eigelsteinschnellen und die Bartmänner mit Akanthusblättern und Rundbildchen müssen wir als gemeinsames Gut von Cöln und von Frechen ansehen. Unter den letzteren darf man vielleicht eine Unterscheidung machen. Bei den bisherigen Ausgrabungen, die selbstverständlich kein vollständiges Bild geben, sind die Bartkrüge, welche im Querfries Sprüche wie: „Wan Got wil ist mein Zil; Der Her sei bei uns Amen; Drink und est, Got nit vergest; Des Heren Wart bleift in Ewicheit; Helf Got aus Not,

CÖLNER SCHNELLEN (EIGELSTEINWERKSTATT) UM 1540.
Sammlung Hetjens.

Abgunst ist gros; Alaf fur einen goden Dronck, Et gilt Hans" und dergleichen aufweisen, in Cöln noch nicht, in Frechen dagegen reichlich gefunden worden. Die nachweislich cölnischen Krüge dieser Art haben im umlaufenden Mittelfries nur Renaissanceornament, keine Sprüche. Und in Frechen geht die Herstellung solcher Spruchkrüge, bei immer nachlässigerer Arbeit, noch bis zum Ende des 16. Jahrhunderts weiter, in eine Zeit, die uns von stadtcölnischem Steinzeug nichts mehr hinterlassen hat.

Die Frechener Krugbäckerei war auch nach 1600 noch sehr fruchtbar, aber das künstlerische Können war im Niedergang. Die bärtigen Gesichter, die bis zum 18. Jahrhundert die Frechener Krughälse zierten, wandelten sich allmählich in stilisierte Fratzen, der wagrechte Mittelfries mitsamt den Akanthusblättern verschwand und der Reliefschmuck beschränkte sich seit etwa 1590 auf einen oder drei runde oder ovale Beläge mit den Wappen von Cöln, Amsterdam, Jülich-Cleve-Berg, England, oder mit Rosetten und flüchtig ausgeführten Köpfen. Die wirkungsvollsten Frechener Arbeiten um 1600 sind dickbauchige und fußlose Kannen großen Umfangs, mit engem Hals und gedrehten Henkeln, auf deren gesprenkelter Braunglasur kobaltblaue Flecken ziemlich regellos verteilt sind.[1] Nach dem Vorgang von Raeren ist damals auch graues Steinzeug mit Blaufärbung und Stempelmustern gemacht worden, doch kann die Erzeugung nicht erheblich gewesen sein, denn derartige Scherben kommen in Frechen nur selten zum Vorschein. Obwohl die Mehrzahl der einfachen Kannen des 17. und 18. Jahrhunderts eine stumpfe, schmutzig-braune Glasur aufweist, hat die Kunst der glänzenden und feingesprenkelten Braunglasur noch lange vorgehalten; das Cölner Kunstgewerbemuseum besitzt eine Kanne mit der eingestempelten Jahreszahl 1750, deren Glasur noch ebenso gut gelungen ist, wie zur Blütezeit im 16. Jahrhundert.

Cölnischen Ursprungs ist nach Ausweis von Scherbenfunden eine seltene Gattung von Gefäßen aus mattschwarzer Tonmasse, die in ihren Formen durchaus vom Steinzeug abhängig sind. Die Masse ist ziemlich hart gebrannt, aber doch kein Steinzeug; auch entbehrt sie jeglicher Glasur. Die Hauptstücke sind Krüge in Bärenform (Kunstgewerbemuseum Cöln, Germanisches Museum Nürnberg und Nationalmuseum München), die ursprünglich mit kalter Bemalung versehen waren. Die Herstellungszeit dieser Ware hat das 16. Jahrhundert überdauert. Ein kleines Gefäß mit Bartmaske im Cölner Kunstgewerbemuseum gehört noch der Spätgotik an, während der in Silber gefaßte Bärenkrug des Münchener Museums die Jahreszahl 1619 trägt.

[1] Datierte Stücke von 1596 bis 1602 im Kunstgewerbemuseum Cöln, Altertumsmuseum Stuttgart.

10

VI. SIEGBURG

A. DIE SPÄTGOTIK UND DAS ZUNFTWESEN

Daß die Steinzeugtöpferei in der alten Abteistadt des heiligen Anno bis ins 13. Jahrhundert zurück geht, wird durch die bei der Aulgasse, dem alten Töpferviertel vor den Stadtmauern gefundenen romanischen Urnen hinreichend beglaubigt. Das 14. Jahrhundert bringt urkundliche Erwähnungen des Gewerbes, das schon in der ersten Hälfte des 15. Jahr-

Abb. 57. Siegburger Tonmatrize mit Liebespaar.
15. Jahrhundert. KGW. Museum Berlin.

hunderts zur Zunft sich zusammenschloß. Bereits damals stand in Siegburg die Kunst der Herstellung von Tonhohlformen auf hoher Stufe.

Von den gotischen Tonmatrizen mit Minnebildern aus dem frühen 15. Jahrhundert (Abb. 57) oder mit kirchlichen Darstellungen, wie solche die Kunstgewerbe-Museen von Berlin und Cöln, die Museen in Nürnberg und Mainz und die Sammlung Figdor in Wien besitzen,[1] stammen mehrere aus der Siegburger Töpfervorstadt.[2] Die Bilder sind in derselben Weise in den weichen Ton eingetieft, wie das bei den späteren Siegburger Töpfermatrizen geschah. Unter den letzteren stehen manche der biblischen Rundbilder in der feinen Reliefbildung und der Hintergrundbehandlung den gotischen Hohlformen so nahe, daß man geneigt ist, sie als deren Nachkommen anzusehen. Es ist aber nicht anzunehmen, daß die gotischen Hohlformen aus der Aulgasse für den Gebrauch der Töpfer gemacht wurden. Denn vollständige Abdrücke solcher kunstreichen Bilder auf Steinzeuggefäßen des 15. Jahrhunderts sind außer der vorerwähnten Cölner Feldflasche (vgl. Abb. 30) nicht bekannt.[3]

---

[1] Vgl. Dornbusch, Ueber Intaglien des Mittelalters und der Renaissance. Sonderabdruck aus dem 57. Heft der Bonner Jahrbücher des Vereins der Altertumsfreunde im Rheinland 1876, mit 4 Tafeln.

[2] Dornbusch a. a. O. T. I No. 5, T. III No. 10 und T. IV No. 17.

[3] Es gibt selbständige Abdrücke solcher gotischen Matrizen in gebranntem Ton, Beispiele in den Kunstgewerbemuseen von Cöln und Frankfurt, die als Andachtsbilder für Hausaltärchen und ähnliches gedient haben mögen, eine Verwendung, die schließlich in den großen Pfeifentonreliefs des Westfalen Jodocus Vredis gipfelte.

Abb. 58.

Abb. 59.

Spätgotisches Steinzeug aus Siegburg, 15. Jahrhundert. KGW. Museum Cöln.

10*

Die Siegburger Krugbäcker haben aber doch einigen Nutzen daraus gezogen. Das Trierer Museum und die Sammlung Oppenheim in Cöln besitzen zwei untereinander ganz gleichartige Siegburger Steinzeuggefäße des 15. Jahrhunderts (Tafel III), die mit gotischen Figuren von einer den erwähnten Siegburger Tonhohlformen gleichwertigen Durchbildung belegt sind.[1]) Die weitere Ausstattung dieser Krüge mit vielen kleinen Henkeln und beweglichen Ringen (die an dem Trierer Gefäß noch erhalten sind), läßt darauf schließen, daß Siegburg damals noch einem Einfluß des fortgeschritteneren Betriebs von Dreihausen, der ähnlich geformte Ringelkrüge in Mengen lieferte, zugänglich war. Von solcher Art mögen die Potten gewesen sein, welche die Stadt Siegburg 1459 der Herzogin von Berg als Geschenk nach Nideggen sandte; in den Stadtrechnungen lassen sich die Verehrungen von Ulwerk bis 1430 zurückverfolgen.

Das gewöhnliche Siegburger Steinzeug des 15. Jahrhunderts steht nicht auf gleicher Höhe. Die hellgraue, manchmal fast weiße, oft durch Flammenwirkung fleischrot oder gelblich angelaufene Tonmasse war zwar damals schon feiner und dünner ausgedreht als in Cöln und so stark gebrannt, daß auch solche Gefäße undurchlässig sind, die von der Salzglasur nichts abbekommen haben. Die Gefäßformen aber sind noch kunstlos. Am häufigsten sind schmale hohe Kännchen, die Vorstufen der Trichterbecher, seltener kleine Becher in der Art der gotischen Römergläser und niedrige Schalen mit aufgebogenem Griff, eine Form, die ebenfalls im rheinischen Hohlglas des 15. Jahrhunderts vorkommt (Abb. 58, 59). Der Reliefschmuck ist sehr anspruchslos: wappenartige Schildchen mit Adlern, Hirschen, Traubennoppen, ausnahmsweis ein paar Köpfchen oder eine Marienfigur, das ist so ziemlich Alles.

Noch im 15. Jahrhundert beginnt dann eine Verzierung, die bis zur Mitte des 16. Jahrhunderts sich erhält und die in Siegburg dieselbe Rolle des beliebtesten spätgotischen Musters spielte, wie die aufgelegten Eichenranken in Cöln. Das sind die freihändig und großzügig in die Masse eingeschnittenen Zackenblätter, die an Stechpalmblätter erinnern. Sie sind oft mit aufgelegten oder ebenfalls frei geschnittenen Wappen und mit durchbrochenen Maßwerkrosen vereinigt (Abb. 60). Da die letzteren die Gefäßwand durchschneiden, sind solche Becher mit einem Einsatz gefüttert.

Wann die Salzglasur in Siegburg zuerst erscheint, läßt sich ebensowenig genau bestimmen, wie in Cöln. In der zweiten Hälfte des 15. Jahrhunderts ist sie jedenfalls vorhanden und auch bereits die auffällige Verschiedenheit des Gelingens, die dem Siegburger Steinzeug bis zum Ausgang des 16. Jahrhunderts anhaftet. Bald deckt die Glasur nur einen Teil der Oberfläche, bald fehlt sie ganz oder sie sammelt sich an einzelnen Stellen so dick, daß sie in Haarrissen zerspringt (vgl. Abb. 61).

Schon das gotische Steinzeug von Siegburg erfreute sich trotz seiner Unscheinbarkeit großen Ansehens und eines weitreichenden Absatzgebiets. Die schmucklosen schmalen Weinkännchen, deren alleiniger Vorzug in der sauberen, harten und dünngedrehten Masse lag, sind im Rheinland stromauf und ab an vielen Orten gefunden worden, in großen Mengen auch in Holland und auf niederländischen Bildern sind sie häufig zu sehen. Der gute Ruf seines Ulwerks blieb Siegburg treu bis ins 17. Jahrhundert. Der Rat der Stadt Cöln, dem

---

[1]) Ein kleines Gefäß derselben Art, mit den Figürchen von Bogenspannern belegt, ist aus der Versteigerung Thewalt in die Sammlung Dümler in Höhr übergegangen.

SIEGBURGER RINGELKRUG 15. JAHRHUNDERT.

Sammlung v. Oppenheim.

Abb. 60. Siegburger Becher mit geschnittenem Wappen und Maßwerkrosen, 1. Hälfte des 16. Jahrhunderts.
KGW. Museum Cöln.

neben den einheimischen auch die in Cöln gehandelten Raerener Krüge zu Gebote standen,
verwendete für seine Weinverehrungen aus dem Ratskeller während des 16. Jahrhunderts nur
Siegburger Kannen, wie einem Brief des Rats an den Abt zu Siegburg vom 11. Dezember 1599
zu entnehmen ist. Da die Siegburger Eulner satzungsgemäß im Winter vom Martinstag
(11. November) bis Aschermittwoch nicht wirkten und überzählige Oefen nicht vor dem
Frühjahr ohne besondere Erlaubnis des Abtes ausnehmen durften,[1]) richtete der Stadtrat
an den Abt die Bitte, er möge dem Kannenbäcker Peter Flach die Oeffnung eines fertigen
Ofens voll Ware im Dezember gestatten, weil die Kannen, die man seit vielen Jahren zur
Verehrung des Weines gebrauche, dringend benötigt würden, um nicht notwendige Geschenke
zu verhindern.[2])

---

[1]) Vgl. Absatz 30 des Zunftbriefs von 1552 bei Dornbusch S. 110.
[2]) Cölner Stadtarchiv, Briefbuch 114, Fol. 114. Dez. 11. 1599. „An Herrn Wilhelmen von Hochkirchen,
Abten zu Siegburgh."
„Dweil wir der Erden Kruchen oder Kanten, so man bei verehrungh des weins nun etliche viel jahren
hero gebraucht, vast nötigh, und aber durch den ersamen Johansen Mörss verwahrer des rhatzkellers berichtet,
das bei Petern Flach, Kannenbecker zu Siegburgh, e. Ehrw. unterthanen, desswegen anmahnungh geschehen,
aber der bescheidt erfolgt, das er Flach ohn e. Ehrwürden erleubnus den offen wercks, so er fertigh hette,
nit eroffnen durffte, als ist an e. Ehrwürden unser freundtlich gesinnen, die wollen uns zu Gefallen gemelten
Flacken vergunstigen den offen ohn lengern verzugh zu eroffenen und was er des wercks fertigh anhero zu
lieberen, damit notwendige geschenk desswegen nicht verhindert werden mögen."

— 69 —

Während in England vornehmlich die schlichten Frechener Krüge mit gesprenkelter Braunglasur silberne Fassungen erhielten (Beispiele im Britischen Museum), hat man in Deutschland für so kostbare Ausstattung das Siegburger Ulwerk entschieden bevorzugt. Das älteste Beispiel ist ein gotischer Sturzbecher mit silbernem Narrenkopf im Besitz des Großherzogs von Baden (Abb. 61). Eine weit reichere Fassung erhielt ein Drillingsbecher vom Jahr 1600 im Besitz des Fürsten von Schwarzburg-Sondershausen (Abb. 62). Bei einer stattlichen Weinkanne mit Trichterhals, aus der zweiten Hälfte des 16. Jahrhunderts, im Pariser Münzkabinet erinnert eine in die Silberfassung gestochene Inschrift an den Anlaß der festlichen Verwendung:

> „Anno 1591 den 25. februarii
> Pfaltzgraf Johan Casimir hochgeborn
> Hat mich zum Wilkom auserkorn
> Mit Beerwein gut getrunken aus
> Da man einweiht das new Rathaus."

Das Zunftwesen war in spätgotischer Zeit schon ebenso geordnet, wie späterhin. Der von Dornbusch im Wortlaut abgedruckte Zunftbrief von 1552, der während der Blütezeit in Kraft blieb, ist in seinen wesentlichen Bestimmungen eine Wiederholung und Bestätigung der älteren Satzungen aus den Jahren 1516 und 1531. Das Handwerk war als geschlossene Zunft nur den ehelichen Meistersöhnen zugänglich, die nach sechsjähriger Lehrzeit sich selbst als Meister niederlassen oder als Werkleute im Jahreslohn weiter wirken konnten. Die Werkleute durften für die verschiedenen Wochentage sich an verschiedene Meister vermieten, so daß manche gleichzeitig in mehreren Werkstätten arbeiteten. Und da sie so gut wie die Meister Hohlformen machten, so mag dieser Umstand die Einheitlichkeit und Gleichmäßigkeit des Siegburger Stils gefördert haben.

Infolge der Sperrung der Zunft für Auswärtige lag das Eulnerhandwerk lange Zeit hindurch in den Händen weniger Familien, unter denen die KNÜTGEN (der erste Knuytgin figulus erscheint bereits 1427), die VLACH oder Flach, die SYMONS (später meist Zeimans genannt) und die OMIAN (auch Oem Johan, Oem Jan geschrieben) voranstehen. Für das Jahr 1500 werden urkundlich elf Meister genannt; davon sind drei Knütgen, drei Vlach, zwei Symons und ein Omian. Ein Vertrag der Eulner über den Krughandel nach dem Oberland vom Jahr 1564 (Dornbusch S. 115) gibt die Unterschriften der damals selbständigen Meister. Es waren ihrer siebzehn, davon sechs Knütgen, drei Zeimans und zwei Omian.

Erst als nach 1570 der Betrieb seine größte Ausdehnung erreichte, scheint der Bedarf nach zahlreicheren Werkleuten den strengen Abschluß gelockert und die Alleinherrschaft der vier alten Eulnergeschlechter durchbrochen zu haben. In einem Verzeichnis derjenigen 38 Töpfer in der Aulgasse, die als Hausbesitzer wehrpflichtig waren, finden sich im Jahr 1583 neben den eingesessenen Knütgen, Vlach und Zeimans manche neue Namen von Werkleuten oder Meistern. Freilich ist dabei zu beachten, daß in Siegburg wie in Raeren und im Westerwald die Familiennamen im Lauf der Zeit bei vielfältiger Verzweigung sich ändern. Manche nehmen nach ihrem Haus oder Hof einen neuen Namen an; so erscheint der Johann Knütgen up der Baich (am Bach) von 1564 schon im Jahr 1570 als Bach Johan und 1583 als Bach Jan. Andere führten den Vornamen des Vaters unter Fortlassung des

Abb. 61. Siegburger Sturzbecher in Silberfassung.
1. Hälfte des 16. Jahrhunderts. Höhe: 23 cm.
Eigentum des Großherzogs von Baden.

Abb. 62. Siegburger Drilling in Silberfassung,
1600. Eigentum des Fürsten v. Schwarzburg-
Sondershausen.

Familiennamens weiter. So ist der Heyligers Jann in der Liste von 1583, der sonst Hans Hilgers heißt, der Familie Zeimans zuzurechnen, bei der Hilger und Heylliger als Vorname vorkommt. Schließlich waren die altangesessenen Eulner doch die dauerhaftesten; im Jahr 1650 sind nur drei Meister, zwei Knütgen und ein Flach, übrig geblieben.

Die jährliche Erzeugung an Ulwerk war in doppelter Weise beschränkt. Das Arbeitsjahr lief nur von Aschermittwoch bis zum 11. November, und bei Kerzenlicht durfte keiner wirken. Dann waren einem einzelnen Meister nicht mehr wie neun Oefen voll Ware zu backen gestattet und wenn er mit ausgelernten Söhnen, Werkleuten und Lehrjungen arbeitete, im ganzen nicht mehr wie sechzehn Oefen jährlich.

Die vier gekorenen Meister des Handwerks, von denen jährlich zwei gewählt wurden, hatten regelmäßig Umgang zu halten, um die Zahl der Brände zu beaufsichtigen und anzukerben. Im Jahr 1579, als das Gewerbe blüte, wurden 70 Oefen gebrannt; 1615, nachdem ein Zweig der Familie Knütgen nach Höhr ausgewandert war und dort die Kannenbäckerei auf die Höhe gebracht hatte, waren es in Siegburg bloß noch 41 Oefen und 1643, elf Jahre nach der Verwüstung der Abteistadt durch die Schweden, sind nur vier Oefen versteuert worden.

Die Stadt erhob von jedem Ofen, so oft gebacken wurde, eine Abgabe, die von 1579 bis 1593 zwölf Albus gleich zwei Mark betrug, von 1594 an drei Mark und 1635 einen Gulden gleich vier Mark. An dem jährlichen Ergebnis des Ofengeldes, das an ein Mitglied der Zunft verpachtet war, läßt sich das Aufblühen und Niedergehen des Handwerks ablesen. Im 15. Jahrhundert stand es 1432 mit 80 Mark am höchsten, ging dann langsam herab bis auf 32 Mark im Jahr 1491, um erst zu Beginn des 16. Jahrhunderts wieder zu steigen. Es betrug im Jahr 1506 vierzig Mark, 1546 vierundvierzig Mark, 1557 zweiundsiebzig Mark, 1574 sechsundsiebzig Mark, 1579 hundertundvierzig Mark; im Jahr 1615 hundertdreiundzwanzig Mark und 1642 bloß sechzehn Mark. Zwischen 1574 und 1579 hat die Erzeugung sich also verdoppelt.

Die Einnahmen der Stadt aus ihren Tongruben, die aber nur zum geringen Teil den Bedarf der Eulner deckten, geben einen ähnlichen Gradmesser. Sie steigen von 3 Mark im Jahr 1550 auf 18 Mark im Jahr 1567, halten sich von 1578 bis 1615 auf 52 Mark und sinken 1625 auf etwa 34 Mark herab.

Außer Steinzeuggeschirr lieferten die Aulgasser Töpfer auch noch Dachziegel, davon jedem Meister zwei Oefen voll im Jahr gestattet waren und Ziegelsteine. Als die Stadt im Jahr 1568 ein neues Rathaus errichtete, wurde die Lieferung von 7700 Ziegelsteinen an die Eulner Hilger Knütgen, Vais Simons, Johann und Diederich Knütgen, Kirstgen Oem, Heinrich Flach und Johann Flachs Frau vergeben, das Hundert zu 21 Albus.[1]

Der Zunftzwang erstreckte sich wie auf die Arbeitslöhne so auch auf die Verkaufspreise der Krüge. Die Satzungen von 1552 legen im Absatz 24 die Preise für etwa dreißig verschiedene Gefäßgattungen nach dem Hundert berechnet fest. Dabei wird den vier Gekorenen vorbehalten, späterhin nach Gelegenheit der Zeit die Preise zu erhöhen oder zu senken, mit Verbindlichkeit für alle Glieder des Handwerks.

Für die Geschichte der Kunstkrüge ist aus dem Preisverzeichnis von 1552 leider nicht viel zu holen. Denn wir wissen nicht, auf welche erhaltenen Gefäßformen sich die Bezeichnungen Bierpöt, Rundtwerck, weiße Krüge, Milchduppen, Kochduppen, Memelger, Nuerenberger mit oder ohne Henkel (für den süddeutschen Markt bestimmtes Geschirr), Weinpoet, Stechpoet, Becher, Schalen und Herrenschalen, Sassenwerck (für den norddeutschen Markt) und Mietwerck, Schnellen, Noelger und Ratskannen (für die Stadt Cöln) beziehen. Aus dieser Zeit — um 1550 — sind fast nur kleine und größere Weinbecher mit Trichterhals, Sturzbecher, Kugelbauchkannen und einige Pinten oder Schnellen vorhanden. Alle anderen, mit Reliefbelägen reich ausgestatteten Gefäße: die Schnabelkannen, Feldflaschen,

[1] Vgl. R. Heinekamp, Siegburgs Vergangenheit und Gegenwart, S. 149.

Ringkrüge, Pokale, die Schenkkannen mit breitem Mittelfries, Eulen, die großen Tafelaufsätze mit Kerzenleuchtern auf der Schulter (Museen Trier, South Kensington und Brüssel) gehören erst der Blütezeit um 1570 und später an.

Die Preise von 1552 sind ungefähr doppelt so hoch, wie die im Zunftbrief von 1516 (siehe Dornbusch Seite 22). Trotzdem scheint es, daß auch noch das Verzeichnis von 1552 in der Hauptsache nur schmucklose Waren aufführt, die gewöhnlichen Gebrauchs- und Küchengeschirre, welche die Nachwelt nicht des Aufhebens für wert erachtet hat. Das ergibt sich zunächst aus dem Verhältnis der Preise. Denn 100 Kochduppen, die ohne Zweifel gänzlich schmucklos waren, kosten 8 Mark, ebenso viel wie 100 „schöne weiße Krüge" und wie 100 bleiche Schnellen und fast doppelt soviel wie 100 Ratskannen (27 Albus gleich $4^1/_2$ Mark). Teurer als die Kochduppen ist nur das Sassenswerk, groß zu 16 Mark und klein zu 8 Mark das Hundert. Die anderen Gattungen stehen erheblich tiefer im Preis, bis herab zu 7 Weyspennig (dasselbe wie Albus) für 100 bleiche Becher und bleiche Schalen.

Abb. 63. Siegburger Leuchtervase um 1575 mit dem bergischen Wappen, hoch 58 cm. South Kensington Mus.

Die Wörte „schön, bleich und blau" bedeuten verschiedene Abstufungen innerhalb einer Gattung:

„Das hundert schöner Schalen zehn weißpennig, item das hundert bleichen sieben weißpennig."

„Item schon Nuerenberger das hundert sexzehn weyspenning, item das Hundert mit den Henken achtzehn weyspenning, item ein Hundert bleicher Nuerenberger dreutzehn weißpennig."

„Einhundert schones Rundtwercks und weiße Krugen das Hundert 8 Marck, item ein Hundert bleichen Rundtwercks 5 Mark."

„Bleich" scheint eine graue Masse zu bedeuten, denn es ist als Gegensatz zu „schonen und weißen" Krügen gebraucht. Es ist unwahrscheinlich, daß „blaue Pött" solche mit

Kobaltfärbung sind, wie Dornbusch annahm, denn sie sind billiger als die bleichen Gefaße derselben Sorte:

„Item das Hundert von den bleichen Weinpoet
nuinzehn weyspennig und die blauen
zehn weyspennig."

Außerdem ist die Blaufärbung, die in Siegburg allzeit nur eine untergeordnete Rolle spielte, wie wir sehen werden, um 1550 überhaupt noch nicht nachzuweisen. Man muß also mutmaßen, daß „blau" in dieser Zeit Gefäße aus einer bestimmten Tonsorte bezeichnet, wie man in Raeren den Rohstoff in roten, blauen und schwarzen Ton unterschied.

Nur eine Gattung, das Mietwerk, ist im Verzeichnis von 1552 nicht im Hundert, sondern stückweis bewertet und zwar zu 10 Albus, was einem Hundertpreis von über 41 Gulden gleichkommt. Die Mietwerke müssen also Stücke von ungewöhnlicher Größe gewesen sein und es ist nicht unwahrscheinlich, daß damit jene 60 bis 70 cm hohen Tafel-aufsätze mit drei Leuchtern gemeint sind, von denen sich drei spätere Beispiele von alter-tümlicher Form in den Museen von Trier (vgl. Abb. 92), Brüssel und South Kensington (Abb. 63) erhalten haben.

Sieht man von diesen hochbewerteten Einzelstücken ab, so gehen die Siegburger Preise gegen Ausgang des 16. Jahrhunderts zur Blütezeit der Kunstkrüge über den Stand von 1552 ganz wesentlich hinaus. Im Jahre 1599 schloß das Eulneramt mit dem Cölner Kaufmann Dietrich Strauß[1]) einen Vertrag (s. Dornbusch S. 121), der diesem den Allein-verkauf Siegburger Aulwerks nach Hamburg übertrug. Darin verpflichtet sich Dietrich Strauß auf zwölf Jahre, die Krüge von jedem Meister des Handwerks das Hundert zu 5 cölnischen Gulden abzunehmen. So teure Ware ist im ganzen Verzeichnis von 1552 überhaupt nicht angeführt.[2])

B. DIE FRÜHRENAISSANCE UNTER CÖLNISCHEM EINFLUSS

Es ist erklärlich, daß der Zunftbrief von 1552 das reich belegte Steinzeug, das „Herren-werk" bei der Festsetzung der Zwangspreise außer Acht ließ, denn es konnte im damaligen Betrieb noch keine erhebliche Rolle spielen.

In diesen Jahren um 1550 hatten erst der eine oder andere Siegburger Meister begonnen, der reichbelegten Ware des ausgesprochenen Renaissancestils sich zuzuwenden. Kein Zweifel, daß die Anregung dazu von Cöln ausgegangen ist. Wohl war das Siegburger Handwerk älter und angesehener, und was die Gefäßformen betrifft, so ist es vielleicht eher der gebende als der nehmende Teil gewesen. Aber in der Matrizenarbeit, in der raschen Ausnützung der Renaissancevorlagen an Stichen und Holzschnitten hatte Cöln die Führung übernommen,

---

[1]) Die Familie Strauß in Cöln betrieb den ausländischen Krughandel im Großen. Die Brüder Anthonis und Martin Strauß hatten 1567 eine Niederlage in Antwerpen, vgl. Génard, De oude Antwerpsche Glas-blazerijen S. 97. Die Briefbücher No. 77 und 92 des Cölner Stadtarchivs enthalten mehrere Bescheinigungen darüber, daß 1573 und 1577 für Martin Strauß, Kaufmann und Bürger zu London Schiffe nur mit Cölnischen Kruchen und gebacken Kannen voll geladen worden sind.

[2]) Von der Verbindlichkeit des Vertrages wurde mit Zustimmung des ganzen Handwerks Herman Flach der Alte freigelassen, derselbe, welcher laut Ratsprotokoll XX, Fol. 353b vom 22. April 1562 für den Cölner Stadtrat arbeitete.

Abb. 64. Siegburger Pinten nach Cölner Vorbildern; um 1550. KGW. Museum Cöln.

unterstützt durch die Verlegeı am Ort und wohl auch durch die in Cöln schon seit langem
blühende Kachelbäckerei. .

Solange die Cölner Krüge gotisch blieben, haben sie auf Siegburg keine nennens-
werte Wirkung ausgeübt. Die Eichen- und Rosenranken fanden dort wenig Anklang; eine
große weiße Kanne mit Bartmann und Eichenranken im South Kensington Museum (abgeb.
Solon I Fig. 72) ist so ziemlich das einzige bedeutende Zeugnis, daß die Siegburger die
aufgelegten Ranken überhaupt jemals nachgeahmt haben.

Die figürlichen Cölner Pinten der Frührenaissance dagegen hat Siegburg gründlich
ausgenützt. Die ältesten weißen Schnellen aus der Mitte des 16· Jahrhunderts sind alle
genau nach Cölner Muster gearbeitet. Es gibt ihrer nicht sehr viele. Die Sammlung Hetjens
hat eine Siegburger Sündenfallschnelle nebst dem Cölnischen Vorbild, ferner zwei gute
Siegburger Nachahmungen der Eigelsteinschnellen mit Halbfiguren in Runden, von kräftigen
Renaissanceranken umgeben. Aus dem Cölner Kunstgewerbemuseum sind zwei unvollständig
erhaltene Siegburger Pinten anzuführen (Abb. 64). Die eine unterscheidet sich von einer
braunen Eigelsteinschnelle desselben Museums nur dadurch, daß der Siegburger Meister
die Beischriften Paciencia, Spes und Charitas weggelassen hat. Die andere, mit S. Georg,
der den Drachen speert und der Königstochter, gibt das Cölner Vorbild (im Aachener Museum)
so gut wieder, daß man in der weißen Nachbildung noch den Stil jenes Cölner Töpfers

11*

Abb. 65. Siegburger Schnelle mit Flotner-
figuren, 1566. Museum Stuttgart.

deutlich wieder erkennt, der für seine Pinten mit dem
Sündenfall und der Vertreibung aus dem Paradies die
Stiche Marc Antons benützt hat.

Der besondere Cölnische Stil mit seinem kräftigen Relief ist bei allen diesen frühen Siegburger
Schnellen noch ganz unverändert beibehalten. Die
Möglichkeit, daß etwa Siegburger Schnellen den Cölner Krugbäckern als Vorbild gedient haben können,
wird dadurch vollkommen ausgeschlossen.

Erst gegen das Jahr 1560 hat Siegburg die
Stufe der unfreien Nachbildung Cölnischen Steinzeugs
überschritten und sich zu einem eigenen, seinem
feineren Werkstoff angemessenen zierlichen Reliefstil
durchgearbeitet.

Damit hörte aber der Einfluß Cölns noch nicht
ganz auf. Es folgt nun eine Zeit, in der Siegburg
den Cölner Krügen noch manche Darstellung ent-
nimmt, die es in freierer Nachbildung in seine eigene
Formensprache überträgt. Gute Beispiele dieser Richtung sind die Schnelle mit dem Parisurteil in der
Sammlung Hetjens (vgl. Tafel VII),[1] einige Schnellen
mit allegorischen Frauen nach Peter Flötner (Abb. 65),[2]
dann die in vielen Sammlungen vertretene Antichristschnelle.[3] Sie muß mit ihrer Verhöhnung des Papstes
in den protestantischen Ländern großen Anklang ge-
funden haben, denn Siegburg hat sie, obwohl die Zunft dem Abt unterstellt war, bis zum
Jahr 1591 wiederholt und auch Raeren hat sich die Nachbildung nicht entgehen lassen.[4]

Die freie Verwendung von Einzelheiten Cölnischer Herkunft werden wir weiterhin,
insbesondere bei den Arbeiten Anno Knütgens noch mehrfach zu erwähnen Anlaß haben.

C. DIE HOCHRENAISSANCE

Die ältesten datierten Arbeiten des Siegburgischen Renaissancestils, mit flach ge-
haltenem Relief, Figuren vorwiegend kleinen Maßstabes und mit bildmäßig behandeltem
Hintergrund der figürlichen Vorgänge, fallen in das Jahr 1559. Die Siegburger Töpfer waren
nun selbst in den Besitz der Ornamentstiche Aldegrevers, der Holzschnittbildchen H. S. Behams

[1] Früher in der Sammlung Pickert, abgeb. Solon I, Fig. 68. Das Cölner Vorbild, einer Arbeit der
Maximinenstraße, abgeb. im Katalog Hippolyt Meurer, Cöln 1888, No. 54.

[2] Beispiele Kunstgewerbemuseen Berlin, Frankfurt, Altertumsmuseum Stuttgart; Cölner Originale im
Kunstgewerbemuseum Cöln und Reichsmuseum Amsterdam von 1566.

[3] Das Cölner Urbild siehe Abbildung 39; Siegburger Beispiele in den Kunstgewerbemuseen Berlin
und Hamburg, Museen Stuttgart und Wiesbaden.

[4] Ein Raerener Exemplar im Hamburger Kunstgewerbemuseum.

zum alten und neuen Testament, der zahllosen Vorlagenblätter des Virgil Solis gelangt und sie lernten rasch, Geeignetes zu entlehnen, frei zu verarbeiten und mit größtem Geschick in die Plastik zu übertragen.

Der Denkmälerbestand aus dieser Zeit ist so groß und ·vielgestaltig, daß eine annähernd vollständige Vorführung in Wort und Bild weder ausführbar noch zweckmäßig ist. Es sollen im Folgenden nur die wichtigeren Gattungen in der Reihenfolge ihrer Entwicklung zusammengestellt, durch ausgewählte Stücke veranschaulicht und so weit möglich auf ihre Urheber zurückgeführt werden. Mit der bisher üblichen Gruppierung nach dem Gegenstand der Darstellung — biblische, geschichtliche, allegorische Bilder — ist nichts gewonnen. Nur die Ordnung nach der Zeitfolge und nach Meistern oder Werkstätten kann über die kunstgeschichtliche Entwicklung des Handwerks Aufklärung bringen.

Sie ist auch in anderer Hinsicht lehrreich. Es gibt keinen Zweig des deutschen Kunstgewerbes der Renaissance, der so viele datierte Denkmäler hinterlassen hätte, wie das rheinische Steinzeug. Reiht man die Cölner, Siegburger, Raerener und Westerwälder Krüge zeitlich aneinander, so kann man erst von Jahrzehnt zu Jahrzehnt, dann von Jahr zu Jahr die Stilwandlung und Ornamententwicklung im deutschen Kunstgewerbe verfolgen, wie die Gotik langsam abstirbt und in der Hochrenaissance noch einmal auftaucht, wie die Frührenaissance durch die Hochrenaissance ersetzt wird, wie die letztere in die Spätrenaissance und den Barockstil übergeht. Man sieht, wie die Ornamentstiche in ein Gewerbe eindringen, das den Quellen der Ornamentbildung ferner stand, als die Goldschmiedekunst, wie der Handwerker sie seinen Zwecken entsprechend verarbeitet und wie das Zusammenwirken von Künstler und Handwerker sich vollzieht. Alle diese kunstgeschichtlich bedeutsamen Vorgänge werden durch keine andere Denkmälergruppe so deutlich und lückenlos veranschaulicht, wie durch das Steinzeug des Rheinlands.

1. DER MONOGRAMMIST F. T.

Der maßgebende Siegburger Künstler der beginnenden Blütezeit ist der Monogrammist F. T.,[1] dessen Arbeitszeit durch die zwei Jahreszahlen 1559 und 1568 festgelegt ist.[2] Da eine Eulnerfamilie, deren Namen mit T anfängt, in Siegburg nicht nachweisbar ist, muß man annehmen, daß F. T. kein Meister und Werkstattbesitzer, sondern ein Werkmann gewesen ist. Wahrscheinlich hat er, wie später auszuführen sein wird, für den Meister Anno Knütgen gearbeitet. Bezeichnet hat er ausschließlich Reliefbeläge für Schnellen, die ja überhaupt von dieser Zeit an alle anderen Siegburger Gefäßformen an Zahl weit überholen.

Sein ältestes Werk ist anscheinend eine undatierte Schnelle des Berliner Kunstgewerbemuseums (Inventar M. 2181), von ziemlich breiter Form mit der Aufschrift:

---

[1] Auf einer einzigen, zur Zeit verschollenen Schnelle lautet seine Bezeichnung F. T. D.

[2] In Raeren sind seine Formen nie verwendet worden, weil der dortige Betrieb in diesen Jahren vor 1568 noch auf tieferer Stufe stand.

Sie ist wie alle Schnellen mit drei Hochfüllungen belegt. Links sitzt Christus in einem Lehnstuhl, hinter ihm zwei betende Männer; in der Mitte in offener Halle, die den Durchblick auf die Landschaft freiläßt, sitzen die Braut und Maria an der reichbesetzten Tafel, vor der die Weinkrüge stehen (Abb. 66), rechts aufwartende Diener. Oben schließt gotisches Laubwerk die Bilder ab. Damit verwandt ist eine Schnelle der Sammlungen Hetjens und v. Oppenheim,[1]) unbezeichnet, aber mit der Jahreszahl 1559, darauf in der Mitte Lazarus vor dem Tisch des Reichen, seitlich rechts Lot und seine Töchter, links die Rückkehr des Tobias (Beischrift TOPHIVS). Derselbe Krug kommt auch mit der Jahreszahl 1560 vor.[2]) Zwei dieser Bilder, Lazarus und Lot mit seinen Töchtern, kehren auf einer Schnelle der ehemaligen Sammlung Minard in Gent[3]) wieder, verbunden mit einer dritten Füllung, Abraham darstellend, der die drei Engel empfängt. Derartiges Austauschen und Mischen verschiedener Beläge, die ursprünglich nicht zusammengehören, war ein in Siegburg sehr beliebtes Mittel, um mit alten Formen „neues Werk" herauszubringen. Diese Schnelle hat zehn Jahre später Hans Hilgers nachgebildet und mit seiner Marke und der Jahreszahl 1569 versehen (Altertumsmuseum Stuttgart No. 834).

Abb. 66. Siegburger Schnelle von F. T. Hochzeit zu Cana, um 1560. KGW. Museum Berlin.

Die Jahreszahl 1559 und die Bezeichnung F. T. vereinigen sich auf einer Schnelle (Tafel IV) mit der dreimal wiederholten Vertreibung des Lazarus vom Gastmahl des Reichen.[4])

Sie ist ein gutes Beispiel für die bemerkenswerte Fähigkeit des Künstlers, den schmalen Raum einer Schnellenfüllung bildmäßig auszunützen. Kein Cölner Krugbäcker hat sich jemals an eine so verwickelte, in drei Höhen über einander perspektivisch sich abspielende Darstellung herangewagt.

Die Hochzeit zu Cana hat F. T. noch einmal ausgeführt, aber nicht über drei Beläge verteilt, sondern mit sehr geschickter Raumvertiefung in eine einzige Füllung zusammengezogen. Sie ist nur in der Sammlung Hetjens erhalten. Diese Sammlung ist überhaupt

---

[1]) Abgeb. Pabst, T. 37, No. 56.

[2]) Vgl. Katalog Thewalt No. 78.

[3]) Katalog der Versteigerung in Gent 1883, Grès No. 13, Tafel VII.

[4]) Im Germanischen Museum und anderwärts. Hier werden zunächst immer die Beispiele in öffentlichen oder leicht zugänglichen Sammlungen namhaft gemacht.

SIEGBURGER LAZARUSSCHNELLE BEZ. F. T. 1559.

Germanisches Museum.

unvergleichlich reich an seltenen Stücken aus dem Anfang der Siegburger Blütezeit. Neben den auch sonst bekannten bezeichneten Werken des F. T. besitzt sie eine Anzahl von Schnellen mit Bildern aus dem Leben Christi ohne ornamentale Umrahmung, der Kreuzigung, Kreuzabnahme, Grablegung und anderen Vorgängen, die sowohl im malerisch reichen Hintergrund, wie in der bald flachen, bald stark in die Höhe gehenden, ungleichmäßigen Reliefbehandlung die unverkennbaren Merkmale dieses Künstlers aufweisen (Abb. 67).

Abb. 67. Siegburger Schnelle von F. T. Biblische Bilder, Sammlung Hetjens.

Von rein figürlichen Schnellen mit der Bezeichnung F. T. sind noch anzuführen: Die Geschichte Davids und der Batseba, über drei Beläge zusammenhängend dargestellt, nur in der Sammlung Hetjens und unbezeichnet im Berliner Kunstgewerbemuseum; das jüngste Gericht, in der Mitte Christus auf der Weltkugel über dem Richterengel thronend, links der Einzug der Seligen in die Himmelspforte, rechts die Verdammten von Teufeln überwältigt (Abb. 68);[1] im South Kensington Museum eine sehr seltene Schnelle (Solon I, Fig. 66), darauf die meisterhaft gearbeiteten Bildnisse König Heinrichs II von Frankreich und Philipps II von Spanien in ganzer Figur, zwischen ihnen ihre Wappen, wahrscheinlich nicht nach 1559, dem Todesjahr Heinrichs II entstanden; in der ehemaligen Sammlung Minard (Katalog No. 15, Tafel VII) die Saulusschnelle, ein Musterstück des bildmäßigen Reliefs. Die drei Abteilungen zeigen Saul vor dem Hohenpriester, in der Mitte seinen Sturz und die Bekehrung mit dem Bibeltext „Saul Sal was verfolgest Du mich" auf einem fliegenden Band in der Höhe und den Worten „Herr wer bistu was wiltu das ich thun sol" unter dem Bilde, daneben Saul an der Hand eines Kriegers auf dem Weg nach Damaskus, unterschrieben „Sie namen in bei der hant und fureten in gen Damaskon". Auf der Saulusschnelle des Reichsmuseums in Amsterdam (Abb. 69) fehlt das erste Bild, da das letzte zweimal aufgelegt wurde. Die jüngste unter den bezeichneten Figurenschnellen des Künstlers besitzen die Kunstgewerbemuseen in Frankfurt und Berlin (Inventar K. 1379). Die drei Felder enthalten unter Ranken, Grottesken und Kleeblattbogen das Opfer Manoahs (Unterschrift MANOAH IVDICVM 13. F. T.), Simson im Kampf mit dem Löwen (SAMSON BRICHT DEN LEWEN MVL. F. T.) und Simson im Schoß Delilas schlafend (DALILA BEDREGT SAMSON IVD. 13. F. T.) (Abb. 70). Die Zeichnung und Modellierung steht so hoch über dem Durchschnitt der Siegburger Reliefbeläge, daß dieser Krug mehrere Nachahmer gefunden hat. Hans Hilgers hat eine ziemlich handwerksmäßige Nachbildung (im Berliner und Cölner Kunstgewerbemuseum) bezeichnet; ein Feld trägt, als Beweis der Nachahmung, die verkehrte Unterschrift VSMAS statt SAMSV. Eine freiere Wiederholung des Monogrammisten L. W. steht in Schloß

---

[1]) Landesmuseum Prag, Sammlungen Hetjens und Felix in Leipzig.

Stolzenfels. Dem Urbild kommt eine Samsonschnelle von Peter Knütgen am nächsten, deren Matrizen mit der Bezeichnung P. K. 1570 später in Raeren ausgenützt worden sind. Den bezeichneten Arbeiten des F. T. schließen sich einige stilistisch verwandte Stücke an. Zu dem Krug mit den Bildern Heinrichs II und Philipps II gehört eine stattliche Schnelle aus der Werkstatt Anno Knütgens mit drei vornehmen Herren in spanischer Tracht und der Unterschrift:

IVSTICIA ZERT. PAX ICH BEGERT. VERITAS HALT WERT.[1]

Ein Gegenstück zeigt Judith, Esther und Lucrezia in denselben Ornamenteinfassungen von

Theodor de Bry. [2]) Zur Saulusschnelle fügt sich als nächstverwandt der Belag einer Schnelle im Cölner Kunstgewerbemuseum, Judith und ihre Begleiterin vor der Stadtmauer darstellend.

In der Mitte zwischen der älteren Gruppe rein figürlicher Schnellen des F. T. und seinen jüngeren, vorwiegend ornamentalen Arbeiten steht eine bezeichnete und datierte Schnelle von 1568, welche die drei alttestamentlichen Bilder des Samsonkruges — Manoahs Opfer, Samson und der Löwe, Samson und Delila — in einer schmalen Hochfüllung übereinander vereinigt (Abb. 71).[3]) Die spitzovalen Bildfelder werden durch gekreuzte Wellenlinien gebildet, eine schwierige Anordnung, die große Ansprüche an die Zeichenkunst des Künstlers stellt und daher sonst nicht wieder angewendet worden ist. Eine Vereinfachung ist auf einer im Ornament nahe verwandten Schnelle des Mettlacher Museums[4]) zu sehen. Hier bilden gradlinig gekreuzte Rahmen statt der Spitzovalfelder übereinander gestellte Rauten, darin Mardochai zu Pferd und Esther vor dem König (ESTHER FANT GENAT).

Als Ornamentist folgt F. T. durchweg dem Heinrich Aldegrever und auch da, wo besondere Aufgaben der Raumfüllung ihn zu selbständigem Entwerfen

Abb. 68. Siegburger Schnelle von F.T.
Jüngstes Gericht. Landesmuseum Prag.

zwingen, wie bei den Zwickelfüllungen der beiden Samsonschnellen, hält er sich noch im Formenkreis der späten Groteskenstiche des Soester Meisters aus den Jahren 1549 bis 1552.[5])

[1]) Beispiele im Kunstgewerbemuseum Berlin, Brüssel, Cluny, Mettlach, Sammlung Hetjens; abgeb. Solon I, Fig. 67 und J. Destrée, Les Musées Royaux, Brüssel.
[2]) Nat. Museum München, Mettlach, Katalog Hartel No. 163.
[3]) Beispiele Kunstgewerbemuseum Berlin, Stuttgart, Deutsche Gesellschaft in Leipzig, Sammlung Hetjens, Katalog Paul No. 3, Seyffer No. 17, Milani No. 162, Thewalt No. 80. In dem Tafelwerk. über die Kunsthistorische Ausstellung in Dresden, Verlag G. Gilbers, ist auf Blatt 102 ein Exemplar dieser Schnelle abgebildet, dessen Bezeichnung nicht wie gewöhnlich aus der Marke F. T., sondern aus den Buchstaben F.T. D. besteht. Leider ist damit zur Aufklärung des Namens des bedeutendsten Siegburger Künstlers nichts gewonnen.
[4]) Katalog des Museums in Mettlach von Jaennicke, Tafel I, Abb. 2.
[5]) Dieselben Aldegreverstiche sind zur Zeit des F. T. und noch späterhin in freier Verarbeitung auch für ornamentale Rundbeläge der Trichterbecher viel gebraucht worden. Beispiele dafür im Cölner Kunstgewerbemuseum und im Museum Mettlach, Katalog Tafel II, Abb. 11 und Tafel IX, Abb. 43.

Einen wichtigen Teil des Siegburger Formenbestandes machten die kleinen Rundbildchen meist biblischen Inhalts aus, die zum Schmuck der gangbarsten Massenware, der Weinbecher und Kannen mit Trichterhals unentbehrlich waren (vgl. Abb. 15). Mit dem Monogrammisten F. T. beginnt ihre Verwertung auch auf Schnellen. Durch die Art, wie er die kleinen Rundbilder in einen ornamentalen Rahmen einfügte, ist er der Bahnbrecher des besonderen Siegburgischen Renaissancestils geworden. Er ließ den Cölnischen Brauch, je ein Rundfeld in die Mitte jedes Pintenbelags zu setzen und das Rankenwerk darüber und darunter anzuordnen (vgl. Abb. 55 und Tafel II), fallen, weil zu seiner Zeit bereits die hohe schlanke Schnelle in Siegburg üblich wurde. Diese ermög-

lichte es, zwei Rundbilder in jeder Füllung anzubringen, ein kleines oben, ein größeres unten; dazwischen blieb ein breiter, aber nicht ganz leicht auszufüllender Raum für Ranken und Grotesken. Unser Künstler hat von solchen Schnellen zwei bezeichnet, eine im Berliner Kunstgewerbemuseum (Inventar M. 2180), mit dem Urteil Salomonis und Daniel in der Löwengrube, eine andere in der Sammlung Hetjens. Hier sind alle drei Beläge im Ornament wie in den Rundbildern verschieden; die letzteren geben somit sechs Darstellungen: Die Erhöhung der Schlange, Kreuzigung, Isaakopfer — also eine typologische Folge —, dann die Verkündigung, Geburt Christi und Anbetung der Könige. Man kann demselben Künstler mit gutem Grund eine Reihe unbezeichneter Schnellen durchaus gleichen Stils zuschreiben. Vortreffliche Vertreter der Gattung sind im Berliner Kunstgewerbemuseum (Inventar K. 1378, mit Christus in Gethsemane und dem Abendmahl), in der Sammlung v. Oppenheim mit demselben Groteskenornament aber anderen Rundbildern, Samson und Delila oben, Salomon als Götzendiener unten; [1] im Kunstgewerbemuseum Cöln und im Altertumsmuseum Stuttgart (Inventar 10487) mit dem Isaaksopfer und Lots Verführung (Abb. 72). Das Ornament dieser Schnelle, einer der vollendetsten, die je aus einem Siegburger Ofen hervorging, gibt einen Teil des Aldegreverstiches B. 286 von 1552, in ungewöhnlich sauberer Ausführung.

Abb. 69. Saulusschnelle von F. T.
Reichsmuseum Amsterdam.

Das früheste Datum für die Gattung bringt eine Schnelle im Brüsseler Kunstgewerbemuseum (Abb. 73), die inmitten von Aldegreverornament (nach dem Stich B. 276 von 1549) die Jahreszahl 1559 trägt. Sie gehört wohl trotz der derben Arbeit dem F. T.; denn auf einer Schnelle des Reichsmuseums in Amsterdam (ein Gegenstück im Casseler Museum) ist dieselbe Füllung von 1559 mit drei Rundbildern auf den Seitenbelagen vereinigt, von welchen zwei das Urteil Salomonis und Daniel in der Löwengrube gleich der bezeichneten F. T. Schnelle in Berlin (Inventar M. 2180) wiederholen.

---

[1] Abgeb. Emile Molinier, La Collection Oppenheim, Tafel 86.

12

Abb. 70. Samsonschnelle von F. T. Siegburg   Abb. 71. Samsonschnelle von F. T. Siegburg
vor 1568. KGW. Museum Berlin.   1568. KGW. Museum Berlin.

Eine rein ornamentale Schnelle von 1559, vorne Grotesken, seitlich Wappenschilder, besitzt nebst den zugehörigen Patrizen die Sammlung Hetjens (Abb. 74).

Die nächste Entwicklungsstufe setzt in die Mitte der Schnellenbeläge an Stelle des Aldegreverornaments noch ein drittes Rundbild und befreit dadurch den Formstecher von der unbequemen Aufgabe, den etwas verzwickten Raum mit Ornament auszufüllen. Diese Lösung ist in einer bezeichneten F. T. Schnelle[1]) bereits angebahnt. Zwischen die zwei biblischen Rundbilder — Christus und das Weib aus Samaria am Brunnen und Christus mit Maria Magdalena im Garten — ist eine Venus auf ovalem Rollwerkschild eingefügt (Abb. 75).

Wieder einen Schritt weiter führt eine bezeichnete Schnelle des F. T. bei Hetjens[2]) mit dem Isaaksopfer oben, Noah und seinen Söhnen unten in Runden, dazwischen einem glatten Ovalrahmen mit der Figur Josuas. Auf einem unbezeichneten Gegenstück im Frankfurter Kunstgewerbe-Museum (Abb. 76) ist an die Stelle Josuas die Figur Davids nach Virgil Solis gesetzt. Wie so manche anderen Werke des F. T. ist auch diese Schnellenfolge von Peter Knütgen genau nachgeahmt worden.

---

[1]) Sammlung Hetjens und Katalog Minard No. 39 und 40, Tafel VII.
[2]) Abgeb. Katalog Seyffer No. 16 und Katalog Wenke No. 3.

Der dreibildrige Schnellenbelag ist von den Nachfolgern des F. T. in zahllosen Abwandlungen weitergeführt worden, wobei statt der Rundfelder Ovale, Vierpässe, Rauten, Sechs- und Achtecke aufkamen. In dieser Richtung betätigten sich Peter Knütgen, der Monogrammist L. W., der Meister Hans Hilgers und wohl auch manche unbenannte Handwerksgenossen.

Die Herstellung reichbelegter Krüge geht nun nach 1570 ins Breite. Je mehr Eulner sich daran beteiligen, desto mehr schwindet die Möglichkeit, ihre Arbeiten von einander zu unterscheiden, sobald sie der Bezeichnung entbehren. Während Siegburg von Raerener Mustern fast nichts angenommen hat, war die Nachbildung unter den Genossen der eigenen Zunft gang und gäbe. Hans Hilgers hat den großen Umfang seiner Arbeitsleistung gradezu mit dem Verzicht auf Eigenart und selbständige Erfindung erkauft. Das enge Nebeneinander der unter sich versippten Werkstätten, der Austausch der Werkleute, die gegenseitige Nachbildung, auch der gemeinschaftliche Vertrieb und Verkauf der Waren, alles das hat auf die Gleichmäßigkeit der Siegburger Renaissancewerke hingewirkt. Die Gefäßformen helfen nicht immer zur Unterscheidung, denn grade die häufigsten Gefäße, Schnellen, Trichterbecher und Schenkkannen, sind wenig geeignet, dem persönlichen Geschmack ihrer Verfertiger Spielraum zu gewähren oder irgendwelche Eigenart zum Ausdruck zu bringen.

2. DIE WERKSTATT ANNO KNÜTGENS

Trotz alledem läßt sich aus der Masse des unbezeichneten und namenlosen Guts eine sehr ansehnliche Gruppe von Gefäßen als Erzeugnisse einer Werkstatt herausheben, die unter den Siegburger Betrieben lange Zeit an erster Stelle gestanden haben muß. Es treffen hier mehrere Hilfsmittel zusammen, um auch ohne die Unterstützung von Töpfermarken den inneren Zusammenhang der vielgestaltigen Gruppe klarzulegen.

Abb. 72. Schnelle in der Art des F.T. um 1560. Bibl. Bilder und Ornament nach Aldegrever B. 286 (v. 1552). KGW. Museum Cöln.

12*

Abb. 73. Schnelle von 1559, Art des F. T.
Passionsbilder und Aldegreverornamente (nach
B. 276 von 1549). KGW. Museum Brüssel.

Abb. 74. Siegburger Ornamentschnelle 1559.
Sammlung Hetjens.

In erster Linie die Gefäßformen. Die Werkstatt, als deren Leiter wir Anno Knütgen vermuten müssen, hat wie alle anderen auch Schnellen und Becher geschaffen; sind doch die meisten, wenn nicht alle Schnellen, welche die Beläge des Werkmanns F. T. tragen, aus diesem Betrieb hervorgegangen. Außerdem aber lieferte sie in großer Zahl Gefäße von weniger unpersönlichen, seltneren Formen, wie Feldflaschen, Pokale, Schnabelkannen, die Leuchtervasen oder Mietwerke, dazu dickbauchige Pullen.

Ein Ueberblick ihrer wichtigsten Denkmäler kann deshalb zugleich zeigen, daß die Erfindung von Gefäßformen in Siegburg doch nicht so gering und eintönig gewesen ist, wie es durch die überwiegende Menge der Schnellen den Anschein hat. Siegburg entbehrte auch auf diesem Feld der Vielseitigkeit nicht; nur der große Schwung, der so viele

Krüge der Raerener Jan Emens und Baldem Mennicken zu Kunstwerken stempelt, war Siegburg nicht gegeben, so wenig wie den Krugbäckern von Cöln und Frechen.

Ein anderes brauchbares Leitmotiv zur Feststellung der Erzeugnisse Anno Knütgens bilden gewisse Zierraten, wie aufgelegte Akanthusblätter, Masken, Rosetten, ausgeschnittene Figürchen, die in ununterbrochener Werkstattüberlieferung jahrzehntelang immer wieder verwendet worden sind. Dann noch augenfälliger, die eingestempelten Muster, die hier zum ersten Mal im rheinischen Steinzeug auftreten und in einer Form, die anderwärts nicht üblich war. Schließlich wird jeweils auf Eigentümlichkeiten der Glasur, der Färbung und der eigentlichen Töpferarbeit hinzuweisen sein.

Der Leiter dieser Werkstatt hat seine Arbeiten selten datiert und nie bezeichnet. Mit einer jeden Zweifel ausschließenden Sicherheit ist seine Person daher nicht festzustellen. Die Aufklärung ist nur auf dem Umweg über die Kannenbäckerei von Höhr zu gewinnen. Wir wissen aus verschiedenen Urkunden (vgl. den Abschnitt IX), daß ANNO KNÜTGEN in hohem Alter mit zwei Söhnen Bertram und Rütger im Jahr 1590 oder wenig früher von Siegburg abwanderte und in Höhr sich niederließ. Er ist dort sehr bald gestorben und seine Söhne, zu denen sich nach 1600 noch ein dritter, Hermann Knütgen gesellte, haben den Betrieb fortgeführt.

Kein anderer Siegburger Meister ist am Ausgang des 16. und zu Anfang des 17. Jahrhunderts im Wester-

Abb. 75. Schnelle von F. T. Biblische Bilder. Sammlung Hetjens.

wald ansässig gewesen. Alles rein Siegburgische Steinzeug Höhrer Fundorts, das in diese Zeit fällt, muß daher von Anno Knütgen und seinen Söhnen gemacht sein. Wenn nun Krüge aus Siegburg mit den Fundstücken aus Höhr genau übereinstimmen, so ist man berechtigt, sie als die Erzeugnisse Anno Knütgens aus der Zeit vor seiner Auswanderung zu betrachten. Es trifft in der Tat zu, daß verschiedene Verzierungen der unbenannten Siegburger Gruppe, um die es sich hier handelt, auf den in Höhr ausgegrabenen Scherben und Matrizen in der Sammlung Dümler daselbst wiederkehren. Das würde für sich allein noch nichts beweisen, denn die Höhrer Knütgen haben auch Hohlformen anderer Meister ihrer Sippe, namentlich des Christian Knütgen, von Haus mitgenommen und in Höhr ausgenützt. Die Höhrer Scherben gleichen den Gefäßen der fraglichen Siegburger Gruppe aber nicht nur in einigen Ornamenten, sondern auch, was schwerer ins Gewicht fällt, in

Abb. 76. Schnelle von F. T.

gewissen technischen Eigentümlichkeiten oder Unvollkommen-
heiten, die außerhalb dieser Gattung in Siegburg nicht vorkommen.
Nur diese eine Siegburger Werkstatt hat schon in den sechziger
Jahren des 16. Jahrhunderts, vielleicht noch etwas früher, das
weiße Steinzeug mit stellenweiser Blaufärbung auszustatten
versucht. In der Regel ist ihr das mißlungen; sei es, daß die
Kobaltsmalte wegbrannte und nur schwärzliche oder bräunliche
Flecken zurückließ, sei es, daß sie im Feuer von der richtigen
Stelle abfloß und zu dicken Glasklumpen zusammenschmolz.
Oder die Farbe verteilte sich in die Glasur und verlieh ihr
stellenweis einen milchigen, weißlichen oder hellblauen Ton.
Wirklich geglückt ist die Färbung selten und die Werkstatt
hat auch die Gefäße mit schwärzlichen Flecken und mit Glas-
batzen nicht verworfen, sondern als gute Ware in den Handel
gebracht. Dieselben milchigen Glasklumpen sieht man häufig
auch auf weißen Scherben in Höhr, und nur auf diesen. Danach bleibt kaum ein Zweifel, daß dieselben Knütgen, von
denen die Höhrer Funde herrühren, auch die Siegburger Gefäße mit gleichen Kennzeichen geschaffen haben. Es ist zu
erwähnen, daß die Höhrer Knütgen in einer Beschwerde von
1600 gegen einen Wettbewerber, der ebenfalls blaue Arbeit
machte, sich mit einem gewissen Stolz darauf berufen, daß man
in Siegburg von altersher „die zugleich weißen und blauen
gesalzenen und glasurten Kannen und Arbeit zu allererst gemacht, erfunden und gebacken hätte".

Die Knütgen waren nicht nur die älteste, sondern auch die angesehenste und wohl-
habendste unter den Töpferfamilien der Aulgasse. Viele ihrer Mitglieder haben städtische
Aemter in Siegburg bekleidet; Anno Knütgen, obwohl nur ein Handwerker, war um 1570
herzoglicher Vogt und hatte als solcher die landesherrlichen Rechte, die dem Herzog von
Jülich-Cleve-Berg als Schirmvogt der Abtei zustanden, bei der Stadt und dem Abt zu
vertreten. „Er hatte die Klosterschule besucht und neben seinem Handwerk auch Prozesse zu
führen gelernt und die Feder in seine Gewalt bekommen."[1] Es hängt sicherlich mit dieser für
einen Töpfer ungewöhnlichen Würde Anno Knütgens zusammen, daß auf den Gefäßen unserer
Gruppe das herzogliche Wappen von Jülich-Cleve-Berg ganz besonders oft als Mittel- und
Hauptstück der Verzierung angebracht ist, auch dann, wenn es sich um Arbeiten für andere
Besteller handelt. In den von Dornbusch veröffentlichten Urkunden erscheint Meister Anno
zuerst auf der Zunftliste von 1574, dann im Aulgasser Hausbesitzerverzeichnis von 1583,
das auch bereits seine Söhne Rudtger und Berthrum Knütgen aufführt.

Ein allgemeines Kennzeichen der Werkstatt Anno Knütgens ist das altertümliche
Gepräge der Gefäßformen. Man merkt, daß die Ueberlieferungen und technischen Ge-
wohnheiten dieses Betriebes noch in der gotischen Zeit wurzeln.

[1] Heinekamp, Siegburgs Vergangenheit S. 148.

Sie ist die einzige rheinische Werkstatt, in der wir den mittelalterlichen Ringelkrug (vgl. Tafel III) noch zu Ende des
16. Jahrhunderts in verjüngter Gestalt nachweisen können; für die Schnabelkanne
wählt sie die einfache alte Birnform, nicht
die zierlichere Eiform der Hochrenaissance.
Den spätgotischen Trichterbecher (vgl.
Abb. 60) hatte die Renaissance durch
scharfes Absetzen von Fuß und Hals, durch
die wagrechten Profile und senkrechten
Hohlkehlen zu einer fast architektonisch
strengen Kunstform veredelt (vgl. Abb.
104).[1]) Die Knütgen haben trotzdem, noch
in Höhr zu Anfang des 17. Jahrhunderts,
die weichere gotische Form mit dem gewellten Fuß auch für große Gefäße beibehalten. Ein gutes Beispiel ist der 25 cm
hohe Trichterkrug der Sammlung Frohne
mit dem Wappen des Höhrer Landesherrn,
Kurfürsten und Erzbischofs von Trier,
Lothar von Metternich (1599 bis 1623)
(Abb. 77). Daß die Metternichkanne in
Höhr gearbeitet ist, wird durch Höhrer
Scherben mit demselben Wappen in der
Sammlung Zais, durch gleichartige Gefäße
ebendaselbst und in der Fachschule von
Höhr erwiesen.

Man kann davon rückschließend
einige ältere Trichterkrüge großen Umfangs
für die Siegburger Zeit Anno Knütgens
in Anspruch nehmen: im Amsterdamer
Reichsmuseum ein Exemplar mit den Brustbildern Karls V., des Kurfürsten von Sachsen
und des Herzogs von Jülich-Cleve-Berg;
im Pariser Münzkabinet das sehon erwähnte
Gefäß in Silberfassung mit biblischen Rund-

Abb. 77. Weiße Höhrer Trichterkanne mit Wappen
des Trierer Kurfürsten Lothar v. Metternich
(1599—1623). Sammlung Frohne.

bildern; im Stuttgarter Museum[2]) ein anderes mit der Vertreibung der ersten Menschen aus
dem Paradies, noch im Stil der Cölner Pinten gehalten. Die an der Metternichkanne sichtbaren

---

[1]) Vgl. auch Solon I, Fig. 44 bis 47.

[2]) Unter Stuttgarter Museum ist hier immer die Kgl. Kunst- und Altertumssammlung im Gebäude der
Landesbibliothek gemeint.

wagrechten Furchen, die den altertümlichen Eindruck erhöhen, sind auch sonst vielen Gefäßen der Knütgenwerkstatt zu eigen, selbst den Schnellen, obwohl sie hier die Befestigung der Beläge nicht erleichtern und deren Wirkung nicht verbessern. Es stimmt mit dem konservativen Grundzug dieses Betriebes gut überein, daß er länger als andere Siegburger Werkstätten in Gefäßformen und ornamentalen Einzelheiten die Erinnerung an die Zeit des Cölnischen Einflusses festhält.

Die seltenen Jahreszahlen auf den Arbeiten Anno Knütgens geben für eine Aufzählung der Hauptwerke nach ihrer Zeitfolge keinen genügenden Anhalt. Es empfiehlt sich deshalb,

Abb. 78. Feldflasche von Anno Knütgen 1573. Wappen von Jülich-Cleve-Berg; der Grafen Erbach und Freiherren v. Rappoltstein. Höhe 43 cm. Sammlung Engel-Gros.

Abb. 79. Ringflasche von Anno Knütgen, Siegburg um 1570. Sammlung Dr. A. Figdor.

13

die auffälligsten Stücke voranzustellen, deren verschiedenartige Kennzeichen das Aufsuchen und Anreihen verwandter Werke gleicher Abkunft erleichtern.

Wir beginnen mit drei Feldflaschen von 43 cm Höhe und mehr prunkender als geschmackvoller Ausstattung. Von solcher Art mögen die „zween irden fleschen" gewesen sein, welche die Siegburger Stadtrechnung unter dem schönen Ulwerk besonders hervorhebt, das der Bürgermeister im Jahr 1570 als Geschenk für die Räte des Herzogs von Berg nach Düsseldorf schickte, um sie für seine Steuerschmerzen günstig zu stimmen.[1]) Zwei Feldflaschen, in den Sammlungen Eugen Felix in Leipzig[2]) und F. Engel-Gros auf Schloß Ripaille am Genfer See (Abb. 78), gehören als Gegenstücke zusammen, wenn sie auch nicht in allen Einzelheiten sich genau gleichen. Zwei Drachen mit verknoteten Schweifen bilden die Griffe, ein dritter ist wagrecht, wie bei chinesischen Mingbronzen, um den Hals gelegt. Aehnliche Henkel hat schon einige Jahrzehnte früher ein Cölner Kachelbäcker an der buntglasierten Flasche angebracht, die mit der Sammlung Sauvageot dem Louvre zugefallen ist.[3]) In der Mitte der Feldflaschen ist jederseits das Wappen von Jülich-Cleve-Berg aufgelegt, von zwei Löwen gehalten, daneben in Runden die Wappen der Grafen von Erbach und Freiherren von Rappoltstein. Die sonstigen Zierraten sind etwas aufs gradewohl angebracht; sie setzen sich zusammen aus gekrönten Bartmasken, Satyrköpfchen und Löwenmasken in starkem Relief, Rosen und Akanthusblättern in flacher Auflage. Letztere erinnern stark an die Akanthusblätter des Cölnischen Steinzeugs, die aber selten so fein modelliert sind, wie hier. Dazwischen sind kleine Rosen und Weinblätter mit Stempeln vertieft eingedrückt.

Die dritte Feldflasche erwarb das Cölner Kunstgewerbemuseum (Tafel V), die einzige, die noch mit ihrem Deckel versehen ist. Sie trägt nur den herzoglichen Schild, keine Bestellerwappen. Dafür sind jederseit zwei sitzende Greifen zugefügt, die aneinandergelegt auch den schlanken Deckelknauf bilden. Von der Blaufärbung hat das Feuer nur schwärzliche Flecken übrig gelassen. Die zwei erstgenannten Flaschen tragen die Jahreszahl 1573; die gekrönte Maske ist in Höhr mehrfach auf Bruchstücken mit der Jahreszahl 1566 ausgegraben worden (Sammlung Dümler in Höhr).

Es bedarf nicht vieler Worte, um zu beweisen, daß die drachenbesetzte Ringflasche der Sammlung Dr. A. Figdor in Wien[4]) (Abb. 79) von demselben Meister herrührt. Die Akanthusblätter und Löwenköpfchen sind aus denselben Hohlformen genommen, die Rosen- und Weinblätter mit denselben Stempeln eingedrückt. Die Sammlung Figdor besitzt ferner eine langhalsige Flasche mit einem Doppelhenkel, wie solche auch an Cölner Krügen aus der ersten Hälfte des 16. Jahrhunderts zuweilen vorkommen. Das bergische Wappen zwischen Löwen, die Stempelrosen und Weinblätter, der Akanthus und die Löwenmasken, all das ist durchweg dem Formenschatz der Feldflaschen entnommen (Abb. 80). Für die Gefäßform ist nur ein Gegenstück im Britischen Museum (Solon I, Fig. 57 bis 59) bekannt.

Die eingestempelten Muster führen zunächst auf die unserer Werkstatt eigentümlichen Pokale. In öffentlichen Sammlungen sind nicht mehr wie vier vorhanden, einige andere

---

[1]) Vgl. Dornbusch S. 41, Heinekamp S. 151.
[2]) Abgeb. Katalog Felix No. 16.
[3]) Abgeb. Jahrbücher der Kgl. preuß. Museen XIX S. 192.
[4]) Früher Sammlungen Minutoli und Disch.

SIEGBURGER FELDFLASCHE VON ANNO KNÜTGEN UM 1573.

Wappen von Jülich - Cleve - Berg.   Hoch 45 cm.   Kunstgewerbe-Museum Cöln.

sind im Privatbesitz verschollen.[1] Der Pokal des Cölner Kunstgewerbe-Museums (Abb. 81) trägt zweimal das Wappen der Grafen von Manderscheid, von Löwen gehalten, im übrigen die bekannten Löwenköpfchen, Stempelrosen, auf dem Fuß das Weinlaub. Im Amsterdamer Reichsmuseum ist ein reicheres und noch mit seinem Deckel versehenes Stück (Abb. 82). Die zugehörige Schnabelkanne mit dem gleichen Bestellerwappen von 1577 (Abb. 83) hat das Darmstädter Museum. Auf des jüngeren Teniers bekanntem Gemälde „Die fünf Sinne" im Brüsseler Museum, ist die Verwendung solcher Schnabelkannen zum Ausschenken des Weins zu sehen.

Den einfachsten Pokal besitzt das Museum von Wiesbaden (abgeb. Dornbusch Taf. II, No. 7). Aufgelegt sind nur einige Köpfchen und Akanthusblätter; eingestempelt dagegen Jagdhunde, Hasen, Schweine und oben der Spruch „Verbum Domini perstat in Eternum". Dafür dienten sehr scharfe Buchstabenstempel, die wieder auf den Zusammenhang mit Höhr hinweisen, weil auch Höhrer Funde (Kunstgewerbemuseum Cöln) mit ganz gleichartigen Inschriften bestempelt sind.

Abb. 80. Flasche von Anno Knütgen um 1570. Wappen v. Jülich-Cleve-Berg. Sammlung Figdor.

Die in Cöln-Frechen so häufigen Birnkrüge, deren Bauch ohne scharfe Trennung in einen weiten Hals übergeht, scheint in Siegburg vornehmlich die Werkstatt Meister Annos gemacht zu haben, da viele der besten Beispiele eins oder mehrere ihrer Merkmale aufweisen. · Die ältesten Stücke (Sammlung Hetjens, Schloß Kreuzenstein, Kunstgewerbemuseum Cöln, Sammlung Dümler) tragen unter der Mündung nach Cölner Brauch eine Bartmaske und schräg über die Schulter gelegt zwei schmale Streifen, deren Rankenornamente zuweilen den Mittelfriesen der Komoedienstraßenkrüge ähnlich sind. Der beste unter den Kreuzensteiner Birnkrügen hat in den Schulterstreifen dasselbe Ornament, mit dem die Ringflasche der Sammlung Figdor auf der Innenseite belegt ist.

Nach 1570 werden die Umrisse der Birnkannen schwungvoller (Abb. 84) und die Bartmaske wird durch die Halbfigur eines Engels als Wappenhalter ersetzt. Die Schulterstreifen enthalten gelegentlich Sprüche, wie

SICH FUR DICH TREV IST MISLICH,
VCH GOT WE GERN ICH WISEN WOLT FVR WEM ICH MICH HVTEN SOVLT (Abb. 85)

---

[1] Die Sammlung Hetjens besitzt nur zwei aus Bruchstücken ergänzte Pokale, einen von 1578, den anderen mit dem Wappen Solms.

13*

Abb. 81. Pokal von Anno Knütgen
mit dem Wappen der Grafen v. Manderscheid.
KGW. Museum Cöln.

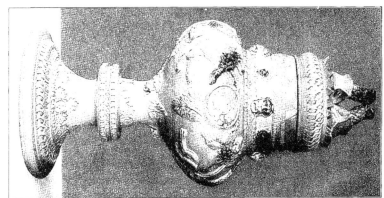

Abb. 82. Deckelpokal
von Anno Knütgen, 1577. Reichsmuseum
Amsterdam.

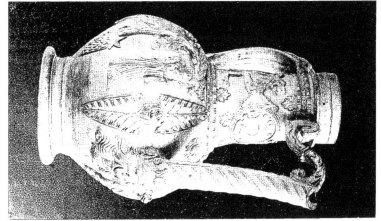

Abb. 83. Schnabelkanne von Anno Knütgen,
mit gleichem Bestellerwappen wie Abb. 82.
Museum Darmstadt.

Der schildhaltende Engel ist dem Siegburger Stadt-
wappen entlehnt und wird uns auf besonders kenn-
zeichnenden Arbeiten Anno Knütgens wieder begegnen.
Besonders stattliche Beispiele von Birnkannen mit dem
Wappenengel besitzen das Reichsmuseum in Amsterdam,
die Sammlung v. Lanna in Prag (Abb. 86) und Clemens
in München. Sie tragen neben den Wappen von Nassau-
Oranien, England und Kurcöln die Jahreszahlen 1574 und
1576 und viele Merkmale der Knütgenwerkstatt, die
aufgelegten Greifen von der Feldflasche in Cöln (vgl.
Tafel V), die Akanthusblätter und Löwen.

Abb. 84. Birnkrug v. 1576, Wappen
v. Tirol; Werkstatt Anno Knütgens.
Sammlung Felix.

Aus dem einfachen Birnkrug hat Meister Anno
seine S c h n a b e l k a n n e n entwickelt. Die Grundform
bleibt zunächst unverändert, die Wurzel der oft von einem
Netzmuster überzogenen Ausgußröhre deckt eine Bartmaske, wofür bei mehreren Stücken[1]) die gekrönte Maske
der Feldflaschen Felix und Engel-Gros verwendet ist.
Die den Schnabel mit dem Hals verbindende Brücke hat
Anno Knütgen meist als einen Arm gestaltet und darunter in der Regel sein großes Herzogswappen von Berg
zwischen Löwen aufgelegt (Abb. 87). Die Schnabelkanne des Cölner Kunstgewerbemuseums[2])
(Abb. 88) veranschaulicht das von Anno mit Vorliebe angewandte Hilfsmittel der a u s g e -
s c h n i t t e n e n Figuren. Den bergischen Wappenschild stützen hier zwei Krieger, die nicht
von vornherein für diesen Zweck geschaffen sind. Ihre ursprüngliche Verwendung ist an
einer S c h n e l l e von 1567[3]) mit Mars, Jupeder und Venus zu sehen. Der Meister hat von
einem Abdruck der Schnellen-Matrizen den ornamentalen Rahmen weggeschnitten und die
Figuren allein als Schildhalter verwertet. Und auf der Feldflasche Engel-Gros hat er nur
die abgeschnittenen Köpfe des Mars und Jupiter aufgesetzt.

Die schweren fußlosen K u g e l b a u c h k a n n e n engen Halses, Pullen genannt, die
zunächst für das Trinkwasser des Feldarbeiters bestimmt waren, hat Anno Knütgen gleich
den Cölner Krugbäckern als Kunstform behandelt und demgemäß mit reichem Zierrat ausgestattet. Die Pullen zählen zu den häufigsten Arbeiten der Werkstatt und sind von Nach-
läufern Meister Annos in Siegburg und Höhr noch im 17. Jahrhundert gefertigt und mit
den Formen des 16. Jahrhunderts belegt worden. Die gewöhnliche Verzierung besteht aus
einem Bartkopf oder einer Maske auf dem Hals und Rundbelägen auf dem Bauch, die
entweder biblische Bilder (Beispiele Sammlung Richard Schnitzler und Kunstgewerbemuseum
in Cöln (Abb. 89), oder jene feinen Weinranken enthalten, welche die Höhrer Kannenbäcker
noch massenhaft gebraucht haben. Hauptstücke der Gattung sind zwei fast gleiche, mit

---

[1]) Sammlung Spitzer, Versteigerungskatalog Tafel 44, No. 1644 und 1645; im großen Tafelwerk La
Collection Spitzer III, Textbild No. 28 auf Seite 186.

[2]) Diese Kanne ist nicht, wie Solon I S. 116 zu Abb. 73 sagt, mit Braun gefärbt, sondern mit Blau,
das verbrannt ist und teils schwarzbraune Flecken, teils dicke Glastropfen zurückließ.

[3]) Kunstgewerbemuseen Cöln, Brüssel, Reichsmuseum Amsterdam.

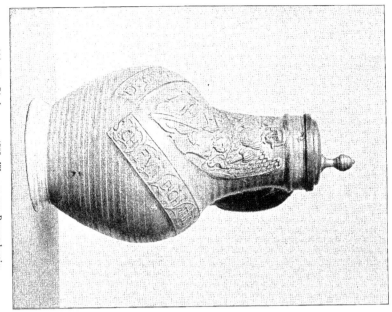

Abb. 85. Birnkrug um 1575, Wappen von Braunschweig;
Werkstatt Anno Knütgens. KOW. Museum Frankfurt.

Abb. 86. Birnkrug von 1574, Wappen von Kursachsen;
Anno Knütgen. Sammlung v. Lanna.

milchiger Glasur überzogene Pullen in den Museen von München (Solon I Tafel V) und Brüssel (Inventar 686). Die vier umkränzten Rundfelder zeigen die symbolische Jagd des Einhorns, David und Batseba, die Anbetung der Könige und die Brustbilder Salomons und der Königin von Saba in zum Teil gotisierender Tracht und Haltung. Es müssen hier dem Formstecher des 16. Jahrhunderts gotische Matrizen, wie sie zu Anfang dieses Abschnittes besprochen wurden, vorgelegen haben.

Abb. 87. Schnabelkanne v. Anno Knütgen mit Münzabdrücken und bergischem Wappen.

Eine andere Gruppe von Pullen [1]) bringt wieder die bekannten Ziermittel der Feldflaschen, Birn- und Schnabelkannen. Das Meisterstück der Gattung (Abb. 90) trägt vorn den Wappenengel von 1574, das Wappen von Jülich-Cleve-Berg, dann ringsum dreimal wiederholt die Figuren der Judit, Esther und Lucrezia, die mitsamt den Rollwerkschildchen für ihre Namen aus den Belägen einer unbezeichneten Schnelle des F. T.[2]) (Abb. 91) herausgeschnitten sind. Dazwischen kleine Figuren auf Akanthusblättern stehend.

Von. den Leuchtervasen oder Mietwerken, den größten Erzeugnissen Siegburgs, sind wie gesagt nur drei Stück bekannt. Davon ist das Brüsseler Exemplar mit den Wappen der Landgräfin Anna Elisabeth zu Hessen, geborenen Pfalzgräfin bei Rhein, aus grauem Westerwälder Steinzeug um 1600 gemacht. Die beiden anderen sind von Anno Knütgen.[3]) Den Hauptschmuck der kleineren, vielfach gebläuten im South-Kensington Museum (vgl. Abb. 63) bilden der Reichsadler und dreimal wiederholt das bergische Wappen zwischen Löwen. Die größere und feiner durchgeführte Leuchtervase im Trierer Museum (hoch 72 cm, Abb. 92) ist wie der Pokal in Cöln für den Grafen von Manderscheid im Jahr 1577 hergestellt. Das bezeugen die unter dem Trichterhals aufgebrachten Rundwappen des Grafen

---

[1]) Beispiele in der Sammlung v. Oppenheim, Pabst Tafel 50 No. 86, früher in den Sammlungen Garthe und Meurer; ferner in der ehemaligen Sammlung Hainauer, Katalog von W. Bode, Abb. 155; in der früheren Sammlung Lippmann-Lissingen, Katalog No. 162.

[2]) Nationalmuseum München, Sammlung Hetjens, Museum Mettlach, Katalog Hartel No. 163.

[3]) Solon erwähnt zwar eine vierte Leuchtervase aus der 1853 in Cöln versteigerten Sammlung Leven, das ist aber das heute im Kensington Museum befindliche Stück, das zwischendurch der Sammlung Weckherlin angehörte.

Abb. 88. Schnabelkanne v. Anno Knütgen nach 1567. Bergisches Wappen. KGW. Museum Cöln.

und seiner Gemahlin, geborenen Gräfin zu Hanau-Minzenburg. Als Gegenstück der Wappen denen runde Schrifttafeln folgenden Inhalts:

1577 . G . V . D . W . I . E . S . IVLIANA . GEBORNE . G . ZV HANAU·
MINTZENBIRGG . IN . ZV . MANDRSCHEIT .

und

1577 . ACH . GOT . BEGNAT . HERREN . GRAF . ZV MANDERSCHIT .
VND . BLANKENEM . HR . ZV . IVNKEROD .

Neben den Griffen stehen zwei ausgeschnittene Figuren, ein Herr mit dem Jagdfalken auf der Faust und eine Frau, die wieder die Cölnischen Quellen der Werkstatt aufdecken. Denn es sind etwas verkleinerte Nachbildungen einer erheblich älteren Cölner Schnelle (vgl. Abb. 56).[1] Dazwischen liegt ein ovaler Rollwerkrahmen mit der Figur des Mars, ein Motiv, das im folgenden Jahr 1578 von Jan Emens (Schnabelkanne im Brüsseler Museum) und 1579 von Baldem Mennicken nachgestochen worden ist. Anno Knütgen hatte es nach seiner Weise aus dem Belag einer Schnelle herausgeschnitten, die zumeist in jüngeren Exemplaren von

[1] Siegburgische Ausführungen dieser Schnelle mit dem Liebespaar am Brunnen sind sehr selten. Ein aus dem Meersburger Palast der Bischöfe von Konstanz stammendes Beispiel ist im Katalog Vincent, Cöln 1891, unter No. 788 abgebildet. Es ist beträchtlich kleiner als das Cölnische Vorbild bei Oppenheim und Hetjens.

Abb. 89. Pulle aus der Werkstatt des Anno Knütgen 1566, mit biblischen Bildern.
KGW. Museum Cöln.

Abb. 90. Pulle von Anno Knütgen 1574, mit dem bergischen Wappen und Figuren aus Schnellenbelägen
(Abb. 91) ausgeschnitten. Sammlung v. Oppenheim.

SIEGBURGER FELDFLASCHE 1578. WERKSTATT ANNO KNÜTGENS.
Kunstgewerbe-Museum Cöln.

1580 und 1582 überliefert ist (Abb. 93). Als Handzeichen unseres Meisters sind auf dem Trierer Leuchter die gestempelten Rosen und Weinblätter zu erwähnen. Der gebläute Deckel ist in gotischem Maßwerkmuster durchbrochen geschnitten und das läßt vermuten, daß auch von den Trichterbechern mit den gotischen Maßwerkrosen (vgl. Abb. 60) manche aus dieser alten und am Althergebrachten hängenden Werkstatt hervorgegangen sind.

Hieran schließt sich der Ringelkrug der Sammlung Felix,[1]) als Trichtervase von 37 cm Höhe gestaltet und mit fünf Reihen kleiner Henkel besetzt. Die viereckigen Rosetten sind mit demselben Stempel eingepreßt, der bei der Ringflasche Dr. A. Figdors zur Verwendung kam (Abb. 94).

Abb. 91. Siegburger Schnelle, Art des F. T. mit Judith, Esther, Lucretia. Museum München.

Zu den ansehnlichsten Denkmälern Siegburgs zählen die Feldflaschen aus dem letzten Drittel des 16. Jahrhunderts, die sich von der an erster Stelle vorgeführten altertümlicheren Art durch fortgeschrittene Renaissanceformen, hohen Fuß, abgesetzten Hals und abgeplatteten Bauch unterscheiden. Diese Renaissanceformen sind nicht mehr als Ganzes in einem Stück aufgezogen, sondern aus mehreren Teilen zusammengesetzt. Fuß und Hals sind für sich gedreht, der abgeplattete Bauch aus zwei gleich Tellern gedrehten Schalen zusammengepaßt. Es sind ziemlich viele, wenigstens ein Dutzend, solcher Flaschen erhalten, in den Museen von South Kensington, Brüssel, Cöln, Trier und in den Sammlungen von Heyl in Worms und Hetjens.[2])

Den Zusammenhang mit den bisher besprochenen Knütgenwerken vermittelt am besten eine Flasche beim Freiherrn von Heyl in Worms (früher Spitzer, Abb. 95), auf welcher der ovale Rollwerkrahmen der Trierer Leuchtervase, diesmal die Fides und Justitia einschließend, als Mittelstück erscheint, während der Fuß mit denselben Stempeln wie der Manderscheidpokal in Cöln (vgl. Abb. 81) verziert ist. Das bergische Wappen, das der herzogliche Vogt auf größeren Stücken anzubringen sich selten versagte, ist ein kleines Rundschild geworden, die wappenhaltenden Löwen sind aber die alten geblieben. Der Sündenfall auf dem Flaschenhals ist durch Ausschneiden hergestellt. Er dient als Mittelstück auf der nächstverwandten Feldflasche von 1578 in Cöln (Tafel VI) und wieder als Schmuck des Halses auf einer Feldflasche aus der Sammlung Thewalt (Abb. 96). Die biblischen Bilder — das Mahl des Herodes und die Enthauptung des Johannes nach Virgil Solis einerseits, Christus

---

[1]) Abgeb. Solon I, Fig. 50, Katalog Felix No. 28, S. 4; Kunsthistorische Ausstellung in Frankfurt, Verlag H. Keller, Tafel 8.

[2]) Die ehemalige Sammlung Spitzer besaß drei Stück: im Versteigerungskatalog Tafel 44 No. 1640, 1643, 1700; im Tafelwerk La Collection Spitzer III, Grès No. 25, 27 und 84 mit Textbildern. Eine Flasche war in der Sammlung Disch, Katalog No. 54; dieselbe später bei Thewalt, Katalog No. 120, daselbst noch eine zweite, Katalog No. 122.

14*

und Maria Magdalena andrerseits — sind von den bekannten Akanthusblättern umstellt; dem Leerschild der einen Seite entspricht auf der anderen das Wappen von Jülich-Cleve-Berg.

Eine besondere Gruppe bilden die zwei Feldflaschen des Kensingtonmuseums, zu denen eine dritte bei Hetjens gehört, mit dem aus der Versteigerung Disch in die Sammlung Thewalt (Katalog No. 120) übergegangenen Exemplar. Sie haben die Form des oben stark zugespitzten Halses und als Oesen die vier Löwenköpfe gemeinsam, deren Mähne freihändig in die weiche Tonmasse eingekämmt ist (Abb. 97). Die Auflagen bestehen jedesmal aus einem großen Wappen in Spitzrautenform, dessen Abzeichen in kleinen Ovalbelägen wiederholt sind. Auf einer Flasche im Kensington-Museum enthält die Raute das Datum 1586. Das Hauptwappen begleiten oben zwei Löwen, unten zwei schmale Ornamentbänder, den schrägen Schulterstreifen der Birnkannen gleichend. Sie sind bei der zweiten Flasche des Kensington-Museums (Abb. 98) aus der bereits für die Figdorsche Ringflasche verwendeten Matrize genommen. Weitere Merkmale der Knütgenwerkstatt besitzt diese Gruppe aber nicht; die Zuweisung ist also fraglich.

Das gilt noch mehr für die folgenden Stücke. An die in Cöln befindliche Feldflasche von 1578 (vgl. Tafel VI) schließen sich zwei Flaschen der Sammlung Spitzer[1]) von durchaus gleicher Form und Ausstattung. Sie tragen aber die Jahreszahlen 1593 und 1596. Damals war Anno

Abb. 92. Leuchtervase von Anno Knütgen, 1577. Wappen Graf v. Manderscheid. Hoch 72 cm. Museum Trier.

Knütgen mit zwei Söhnen bereits nach Höhr übersiedelt. Da die Flaschen keine besonderen Kennzeichen Westerwäldischer Arbeit aufweisen, bleibt zu vermuten, daß nach dem Abzug Anno Knütgens aus Siegburg dessen Betrieb dort noch in den gewohnten Formen eine Zeitlang weitergeführt worden ist, sei es durch seinen dritten Sohn Hermann, der erst

---

[1]) Versteigerungskatalog Spitzer, Tafel 44 No. 1640 und 1700.

Abb. 93. Marsschnelle, Werkstatt
Anno Knütgens, 1580.

Abb. 94. Ringelvase von Anno Knütgen.
Höhe 37 cm. Sammlung Felix.

zwischen 1600 und 1602 seinen Brüdern nach Höhr folgte, sei es durch ehemalige Werkleute des alten Meisters. Außer den beiden Feldflaschen von 1593 und 1596 sind keine Siegburgischen Arbeiten im Stil der Annowerkstatt bekannt, die ein jüngeres Datum als 1586 tragen.

Die Wormser Sammlung v. Heyl bewahrt noch zwei aus der Cölner Versteigerung Essingh stammende Feldflaschen mit milchiger Glasur und guter Blaufärbung (Abb. 99 und 100), die trotz einiger Anklänge an die Werke Meister Anuos seinem Betrieb nicht mehr zugeschrieben werden können. Beide sind mit scharfen Abdrücken süddeutscher Bleiplaketten belegt, mit Salomon und der Königin von Saba und dem Angelfischer des Monogrammisten H. G. 1570 (gewöhnlich Hans Gar gedeutet), außerdem mit den Wappen von Jülich-Cleve-Berg, Hamburg, Bremen und des Trierer Kurfürsten Johann von Schönenberg (1581 bis 1599). Sie können nicht vor 1588 gemacht sein, denn die Form der einen Flasche (vgl. Abb. 99) ist offenbar einem Flachkrug des Jan Emens aus diesem Jahr nachgebildet. Als Urheber kann, wenn überhaupt ein Knütgen, nur Christian Knütgen in Frage kommen, der nachweislich mit solchen Abdrücken von Bleiplaketten arbeitete (vgl. Tafel IX). Die Gattung reicht aber auch nach Höhr hinüber; Beweis dessen ein ebenfalls nach Raerener Muster geformter Flachkrug

Abb. 95. Feldflasche von Anno Knütgen, Wappen Jülich-Cleve-Berg. Höhe 43 cm. Sammlung v. Heyl.

Abb. 96. Feldflasche von Anno Knütgen. Höhe 44 cm. Früher Sammlung Thewalt.

Abb. 97. Siegburger Feldflasche von 1586 in Silberfassung. Höhe 42 cm. South Kensington-Museum.

mit Plakettenabdrücken im Cölner Kunstgewerbemuseum (vgl. Abb. 5), der aus hellgrauer Westerwälder Masse besteht.

    Sucht man nach den Schnellen,
die aus der Annowerkstatt hervorgegangen
sind, so versagen die bisher dienlichen
Leitmotive der Stempelmuster, der Gefäßformen, der Blaufärbung und dergleichen
vollständig.[1]) Dafür geben die ausge-
schnittenen Figuren auf den Pullen, Schnabelkannen, Leuchtervasen einen festen Anhalt. Durch diese werden als Arbeiten
Meister Anno's zunächst die Schnellen mit
dem Liebespaar am Brunnen (Katalog
Vincent) und mit Mars, Jupeder und Venus
aus dem Jahr 1567 nachgewiesen. Dazu
gehören als Werke durchaus gleichen Stils,
mit Standfiguren unter derselben Rund-
bogenumrahmung, Schnellen mit dem Sündenfall (Kunstgewerbemuseum Cöln), mit
den Figuren der Geduld, Gerechtigkeit und
des Glaubens nach Peter Flötner, datiert
1566 (Kunstgewerbe-Museum Frankfurt,
Museum Stuttgart, siehe Abb. 65), und mit
Judas Machabaeus in ganzer Figur nach
Virgil Solis (ehemalige Sammlung Seyffer).

Abb. 98. Feldflasche mit Wappen des Joh. v. Schönenburg,
Kurfürsten v. Trier (1581—1599). Siegburg oder Höhr,
Knütgenwerkstatt um 1590. Kensington Museum.

Diese Gruppe geht auf Cölnische Vorbilder zurück.

    Bereits erwähnt wurde die fein gestochene Schnelle mit Judit, Esther und Lucretia,
deren Figuren zum Belag der Pullen Anno Knütgens dienten (s. Abb. 90 und 91). Ihr
nächstes Gegenstück ist die Schnelle mit den drei Herren in spanischer Tracht und den
Unterschriften Justicia zert, Pax ich begert, Veritas halt wert. Die Beläge dieser beiden
Schnellen erscheinen mehrfach, da ihre ornamentale Umrahmung nach Theodor de Bry
dieselbe ist, mit einander vermengt, z. B. im Mettlacher Museum. Die Formen für beide
sind von F. T. gestochen, wie ein Vergleich mit seiner bezeichneten Königsschnelle im
Kensington-Museum ergibt. Der Werkmann F. T. hat somit der Werkstatt Anno Knütgens
angehört. Ob nun alle seine Formen nur für diesen einen Meister geschaffen waren und
nur in dessen Betrieb ausgenützt worden sind, bleibt eine offene Frage. Wahrscheinlich
ist es nicht, daß F. T. auch für andere zu haben war, weil sonst die formstechenden Meister

---

    [1]) Es ist mir nur eine einzige Schnelle untergekommen, die oben und unten mit den bei Anno Knütgen
üblichen Akanthusblättern, Stempelrosen und Löwenmasken verziert ist. Sie steht in der Sammlung Hetjens,
trägt die Jahreszahl 1577 und neben dem Reichsadler die Wappen des „Ludowicus Romanus I. V. D. Comes
Pal. Pont. Caesareus Consiliarius et Cancellarius Hildeshemensis et Frisingensis" und der „Anastasia Muerhamerin".

Abb. 99. Feldflasche nach Raerener Form, belegt mit Plakettabdruck. Knütgenwerkstatt Siegburg oder Höhr um 1590. Slg. v. Heyl.

Abb. 100. Feldflasche belegt mit Plakettabdruck, Wappen des Kurfürsten v. Trier, um 1590. Siegburg oder Höhr. Sammlung v. Heyl.

wie Peter Knütgen, Hans Hilgers und der Monogrammist L. W. nicht nötig gehabt hätten, seine Formen nachzustechen. Es ist zu beachten, daß sowohl die frühesten bezeichneten Arbeiten des F. T. wie die ältesten sicheren Schnellen der Annowerkstatt sich meist an Cölnische Vorbilder anlehnen.

Von späteren Schnellen der ausgereiften Siegburger Hochrenaissance fällt nur noch eine, die Marsschnelle mit dem bergischen Wappen von 1580 und 1582 (siehe Abb. 93) nachweislich der Knütgenwerkstatt zu. Auch die Wappenschnellen waren ihr nicht fremd; denn der Engel als Wappenhalter, eines der gangbarsten Stücke in ihrem Matrizenbestand, ist unverändert auch auf einer mehrfach erhaltenen Schnelle (Kunstgewerbemuseum Cöln) mit Länderwappen — von Spanien, Sachsen und anderen — aus dem Jahre 1574 zu sehen.

Ueberschaut man diese trotz ihrer Länge noch nicht vollständige Denkmälerreihe, die einen recht beträchtlichen Teil der besten Werke Siegburgs einschließt, so erhält man das Bild eines ganz hervorragenden Betriebes, der während der Zeit des Uebergangs zur Renaissance die unbestrittene Führung, vielleicht die Alleinherrschaft auf dem Feld der Kunstware hatte. Fast alle Siegburger Kunstkrüge, die noch den Cölnischen Frührenaissance-werken nahestehen, sind der Werkstatt Anno Knütgens zuzuweisen. Und sie bewährte sich als die vorwärts treibende Kraft noch über diese Stilstufe hinaus, bis in die Zeit der beginnenden Hochrenaissance. Das dauerte ein Jahrzehnt, genau so lange, als sie über die Kraft des Werkmanns F. T. verfügte (1559 bis 1568), des Begründers des eigentlich Sieg-burgischen Stils. Weiterhin wahrte die Werkstatt wohl ihre angesehene Stellung, die Führung des Gewerbes aber ging auf Andere über, die mit alten Ueberlieferungen weniger belastet waren.

3. PETER KNÜTGEN

Zu Anfang der sechziger Jahre des 16. Jahrhunderts reichte die Eulnerinnung, wie Dornbusch (S. 35) berichtet, beim Abt von Siegburg eine Klage gegen ihren Mitmeister Peter Knütgen ein, weil er die Vorschriften des Amtes über den Krughandel nach dem Oberland, daß heißt rheinauf und an der Mosel, verletzt hatte. Das Amt hatte diesen Handel seinen ständigen Pottkaufleuten übertragen und untersagt, anderen Händlern Ware nach dem Oberland auszufolgen.

Peter Knütgen aber hatte seine Krüge fremden Händlern übergeben, die zum Schaden des Handwerks unter dem Siegburger Ulwerk auch Steinzeug anderer Betriebsorte verkauften. Und außerdem hatte er, obwohl nach den Vorschriften alle Eulner gleich viel Kannen für den Handel ins Oberland liefern sollten, für sich allein mehr Ware dahin geschickt, als alle übrigen Meister zusammen.

· Die Folge war, daß 1564 ein Vertrag geschlossen wurde, den Peter Knütgen mit den sechzehn anderen Zunftmeistern unterzeichnete, wodurch der Oberlandhandel in die Hände von zwei gewählten Meistern der Zunft gelegt wurde.

Die zunftwidrigen Uebergriffe Peter Knütgens lassen jedenfalls auf einen bedeutenden Betrieb schließen. Auf dem Felde der künstlerischen Arbeit, als Formstecher, ist Meister Peter aber keine Leuchte seines Handwerks gewesen. Es sind nur wenig Schnellenbeläge nachzuweisen, die seine Marke P. K. tragen; und von diesen ist die Mehrzahl nicht selbständig erfunden, sondern älteren Werken des F. T. nachgebildet.

15*

Abb. 101. Lazarusschnelle v. Peter Knütgen,
1569; Museum München.

Sein Hauptstück ist die Lazarusschnelle von 1569 im Münchener Nationalmuseum, die er nicht weniger als viermal bezeichnet hat. Die drei Beläge geben eine zusammenhängende Darstellung, wie das auch bei den frühen Schnellen des F. T. mit der Hochzeit zu Cana und dem jüngsten Gericht der Fall ist. Auf dem Münchener Krug (Abb. 101) zeigt die linke Füllung das Gastmahl des Reichen mit der Beischrift „RICHEMANN. LAVKAS XV" unter einer Renaissancehalle, darunter am Fuß der Treppe LASERVS, dem die Hunde die Wunden lecken. Der schwierige perspektivische Aufbau des Bildes ist nur unvollkommen gelöst. Im Mittelfeld stehen der Festtafel zugewandt die Musikanten auf einer Halle, hinter ihnen ein Stollenschrank mit Prunkgeschirr; daneben der Tod des „RICEMAN", unten trägt ein Diener Weinkannen zum Mahle. Die rechte Füllung hat oben „LASERE IN ABERHAMS SCHOS", unten den Reichen im Höllenfeuer der Verdammten. Schon die Reihenfolge der drei Beläge läßt auf eine Nachbildung schließen; die Musikanten gehören nicht in die Mitte, sondern auf die rechte Seitenfüllung. Die richtige Ordnung gibt eine unbezeichnete Lazarus-Schnelle im Amsterdamer Reichs-Museum (und früher in der Sammlung Minutoli) von sehr überlegener, auf F. T. hinweisender Ausführung. Sie weicht nur in untergeordneten Einzelheiten von der Schnelle Peter Knütgens ab und ist offenbar die Vorlage gewesen. Aehnlich steht es mit den anderen bezeichneten Arbeiten Peters. Für seine nur in braunen Raerener Exemplaren erhaltene Samsonschnelle von 1570 (Sammlungen Hetjens und Oppler-Hannover, Katalog Minard und Katalog Thewalt), besitzen die Kunstgewerbemuseen in Berlin und Frankfurt das von F. T. bezeichnete Vorbild (siehe Abb. 70). Zu derselben Folge gehört eine P. K. bezeichnete Saulusschnelle (zur Zeit verschollen) und eine Tobiasschnelle mit gleicher Marke im Amsterdamer Museum. Das unbezeichnete Vorbild in der Art des F. T. besaß die Sammlung Minutoli, ein anderes Exemplar befand sich auf der Grazer Kunsthistorischen Ausstellung des Jahres 1883.

Dann folgt, wieder P. K. bezeichnet, eine hohe Schnelle im Cölner Kunstgewerbemuseum und in der Sammlung von Oppenheim[1]) mit zwei biblischen Rundbildern und Josua im Mitteloval. Sie ist einer noch mehrfach erhaltenen, mit der Marke F. T. versehenen Schnelle[2]) ganz getreu, nur etwas unbeholfen nachgestochen. Eine verkleinerte Wiederholung einer Batsebaschnelle des F. T. besitzt das Kunstgewerbemuseum in Cöln mit der

---

[1]) Abgeb. Pabst No. 47, Molinier, La Collection Oppenheim, Tafel 87.
[2]) Abgeb. Katalog Wenke No. 3.

Marke Peter Knütgens (Abb. 102). Es gibt noch verschiedene unbezeichnete Schnellen, mit der Hochzeit von Cana,[1] mit dem frommen und dem weltlichen Beter, mit der Geschichte Josefs in Aegypten,[2] die den aufgezählten Werken verwandt sind und sich Peter Knütgen zuschreiben ließen, wenn nicht die Werkstatt Anno Knütgens bessere Ansprüche darauf erheben könnte.

Außer den Schnellenbelägen hat Meister Peter noch biblische Rundbilder, ebenfalls im Stil der Annowerke, bezeichnet, deren Formen in Raeren ausgenützt worden sind. Als Beispiel ist eine braune Kanne mit dem Mahl des Herodes in Amsterdam anzuführen. Mit Hilfe von Formen Peter Knütgens hat ein Raerener Töpfer eine merkwürdige Kanne mit weitem Kugelbauch ausgestattet, die aus der Versteigerung Minard in die Sammlung Hetjens gelangte (Abb. 103). Um die Mitte ist eine Bogenstellung mehrmals wiederholt, die neben einem Schriftfeld „1571 von Gottes Gnaden Koininch in Hespania. Pax Fubus" die Brustbilder Philipps II und einer Frau enthält, dann rechts und links einen Mann und eine Frau in Zeittracht, unter ersterem die Marke P. K. Oben steht der Spruch: „Got is boffe Konninck und Keiser", unten „Ach Got bisz mit onsz bis ans end". Die rheinische Mundart der Sprüche läßt an der Siegburger Herkunft der Matrizen keinen Zweifel.

Abb 102. Batsebaschnelle von Peter Knütgen, KGW. Museum Cöln.

Alles in Allem war also Peter Knütgen ein Meister, der als Formstecher zu keiner selbständigen Leistung sich erhob, sondern der hinter dem damals noch führenden Kunstbetrieb Meister Annos einherzog. Seine Kunstkrüge tragen nur die Jahreszahlen 1569 und 1570. Die Tätigkeit seines Vorbildes, des Werkmanns F. T. reichte bis 1568. Es scheint, daß erst durch dessen Tod die Möglichkeit zur Nachbildung seiner Werke gegeben war; denn auch die von Hans Hilgers und L. W. bezeichneten Nachahmungen setzen erst mit dem Jahr 1570 ein.

Die Art der Benützung fremden künstlerischen Eigentums ist in Siegburg übrigens eine andere gewesen, als in Raeren und in Westerwald. Soweit wir das heute nachprüfen können, hat kein Siegburger Töpfer die Matrizen eines seiner Zunftgenossen unmittelbar verwendet oder durch einfaches Abdrücken an sich gebracht. Alle Siegburger Nachahmungen sind den Vorbildern freihändig nachgestochen und demgemäß in Einzelheiten immer etwas verschieden. Diese Arbeitsweise, die ungefähr dem Verhältnis Enderleins zu Briot entspricht, war auch in Raeren üblich. Dort aber hat man nebenbei auch wirklich Siegburgischer

---

[1] Aufschrift „ZO KAN IN GALL. IOHANIS 2. CAP." Abgeb. Katalog Paul No. 2.
[2] Bayrisches Gewerbemuseum Nürnberg, abgeb. Katalog Bourgeois No. 8.

Abb. 103. Raerener Krug belegt mit Siegburger Formen
von Peter Knütgen 1571. Sammlung Hetjens. Höhe 41 cm.

Matrizen sich bedient. Und im Westerwald, wo später die Hohlformen aus
Raeren und Siegburg zusammen getragen
wurden, war schließlich Jedermanns Gut
völlig vogelfrei geworden.

Peter Knütgen ist bald nach 1570
gestorben. In den Verhandlungen, die im
Jahr 1573 zwischen dem Abt und der
Bürgerschaft über die Vertreibung der
Protestanten geführt wurden,[1] wird Peter
unter den Meistern des Eulneramts nicht
mehr genannt.

4. CHRISTIAN KNÜTGEN

Dieser Meister, den die Siegburger
Urkunden Curstgen, Kirstgen und Kerst-
genn nennen, gehört einem jüngeren Geschlecht an, als die Vorgenannten. Die
Jahreszahlen auf den mit C. K. bezeichneten Krügen umfaßen die Zeit von 1568
bis 1605.

Während Anno Knütgen noch die
Nachklänge der Spätgotik und die Früh-
renaissance verkörpert, der Werkmann
F. T. die beginnende Hochrenaissance, ist
Christian Knütgen der beste Vertreter der Spätrenaissance. Seine reifsten Werke, die
Schnabelkannen, die den Höhepunkt des Siegburger Steinzeugs bedeuten, fallen in das letzte
Jahrzehnt vor 1600. Er hat von vornherein diejenigen Eigenschaften des Siegburger Stein-
zeugs gehegt und gepflegt, die dessen wesentlichsten Unterschied und Vorzug gegenüber
Cöln und Raeren ausmachen: die äußerste Zierlichkeit und Sauberkeit der Reliefbehandlung.

Damit steht die feine Gliederung und die durchgängig mäßige Größe seiner Gefäße
im Einklang. An der schlichten Schnellenform hat er freilich nichts geändert, aber seine
Schnabelkannen sind entschieden „antiksch", wie es in Westerwälder Urkunden heißt. Sie
stehen in vollem Gegensatz zu den Gefäßformen Anno Knütgens. An Stelle der flüssigen
Umrisse, die dessen älteren Flaschen und birnförmigen Schnabelkannen eignet (vgl. Abb. 78,
87, 88), tritt nun die scharf betonte Trennung des Fußes und Halses von dem eiförmigen
Bauch. Solche Formen waren gar nicht mehr nach altem Töpferbrauch aus einem Stück
zu wirken, sondern mußten zusammengesetzt werden. Dazu meldet sich nun das architektonische Empfinden der Hochrenaissance in der Häufung wagrechter Profile, in den senkrechten Hohlkehlen, die die Säulenkannelierung nachahmen, in den scharfen, kerbschnitt-
artigen Netzmustern unbelegter Gefäßteile. Die Trichterbecher, in deren Form sich diese

---

[1] Siehe Heinekamp S. 158.

Abb. 104. Siegburger Trichterbecher um 1600. KGW. Museum Cöln.

Geschmackswandlung am augenfälligsten ausgeprägt (Abb. 104), sind ja fast nie bezeichnet und daher herrenloses Gut. Wenn man aber von den beglaubigten Schnabelkannen Christian Knütgens auf unbezeichnete Stücke einen Rückschluß ziehen darf, so wird man diesem Meister auch von den streng gegliederten Trichterbechern, ferner von den um und um genetzten rundbauchigen Kännchen einen erheblichen Anteil geben müssen.

Die bezeichneten Arbeiten Christian Knütgens beginnen mit einer Schnelle von 1568, darauf Noah schlafend, seitlich zweimal der Prophet Jonas in den Meereswellen, alles noch ohne ornamentale Einfassung (Tafel VII). Ein Gegenstück bildet die unbezeichnete Schnelle mit dem Parisurteil (Tafel VII), ebenfalls bei Hetjens. Sie lehrt, daß auch Meister Christian von Cölnischen Mustern ausgegangen ist; denn das Vorbild ist noch in einer braunen Parisschnelle (abgeb. Katalog Meurer No. 54) erhalten, deren Herkunft durch Scherbenfunde aus der Maximinenstraße festgelegt ist. Besonders kennzeichnend für die verschnörkelte Zeichnung der Frühzeit Christian Knütgens ist die Isaakschnelle der Sammlung Hetjens (Abb. 105). Nächstverwandt ist die Darstellung der zwei Kundschafter aus dem gelobten Land mit der großen Traube, auf Schnellen des Crefelder Museums und der Sammlung Hetjens mit heraldischen Belägen, darunter dem Cölner Wappen nach Quentels Bibel von 1529, vereinigt (Abb. 106). Ein anderer bezeichneter Krug, vorn ein nacktes Weib nach Aldegrever

Abb. 105. Isaakschnelle von Christian
Knütgen, um 1570. Sammlung Hetjens.

Abb. 106. Schnelle von Christian Knütgen.
Museum Crefeld.

mit der Unterschrift „ICH BIN DE HOR VON BABEL", seitlich Bileams Esel, ist nur in unvollständigen Exemplaren bei Hetjens erhalten, ebenso wie die Schnellen mit den naturalistisch gestalteten Symbolen der Evangelisten in Wappenschildern.

In allen diesen Werken verrät sich ein vom Werkmann F. T. sehr verschiedener, unabhängiger Stil Christian Knütgens. Er bleibt in der Fähigkeit, die menschliche Figur richtig zu zeichnen, hinter dem künstlerisch besser geschulten F. T. weit zurück, verdeckt aber seine Mängel durch eine sehr reiche und scharfe Durchbildung der Einzelheiten. Als ein häufig vorkommendes Merkmal sind die mit Rosen gemusterten Fußbodenfließen anzuführen (vgl. Abb. 106), die er auch auf Wappenschnellen anbringt. Es gibt deren aus den Jahren 1573 und 1574, mit den großen Wappenschildern des Reiches, der Habsburger, der Stadt Cöln (Sammlung Hetjens); ein schadhaftes Stück im Berliner Kunstgewerbemuseum (Abb. 107) mit den Wappen von Braunschweig, Württemberg und Jülich-Cleve-Berg, ist in der sauberen Arbeit ein Musterstück der heraldischen Gattung.

Damit sind die beglaubigten Arbeiten aus der frühen Zeit Christian Knütgens zu Ende.[1) Seine Marke C. K. taucht erst zwei Jahrzehnte später auf einem der reichen Rankenfriese

---

[1)] Ein von Solon I S. 74 beiläufig erwähnter Krug mit der Hochzeit zu Cana, bezeichnet C. K. 1568, ist mir nicht zu Gesicht gekommen. Die von Solon ausführlich beschriebenen Scherben eines Kruges, der den vollen Namen Christianus Knütgen trug, sind verloren.

NOAHSCHNELLE VON CHRISTIAN KNÜTGEN 1568 UND SCHNELLE MIT DEM PARISURTEIL.

Sammlung Hetjens.

wieder auf, die er nach Virgil Solis und namentlich nach Theodor de Bry als Mittelleisten für seine Schnabelkannen und Schenkkannen ausgeführt hat.

Sein Stil hat sich in dieser Zeit nicht wesentlich geändert; nur ist die Kunst, auch die zartesten Abstufungen des Ornaments im Steinzeugrelief reinlich und deutlich herauszubringen, noch merklich gesteigert.

Bloß ein Fries aus dieser Folge, gotisierendes Laub und Distelblüten an dünnen Ranken, um die Rehe, Vögel, Eichhörnchen, Hasen und sonstige Tiere sich bewegen, ist mit der Marke C. K. 1597 bezeichnet (vgl. Abb. 108). Der Fries, der in vier verschiedenen Größen vorkommt, ist sicherlich nach einem Ornamentstich aus der zweiten Hälfte des 16. Jahrhunderts gearbeitet, der seinerseits auf die wirklich gotischen Stiche des Israel van Meckenem zurückgeht. Doch ist die Vorlage nicht bekannt, wie überhaupt eine eingehendere Untersuchung des rheinischen Steinzeugs auf Schritt und Tritt die Tatsache vor Augen führt, daß von den Ornamentstichen, über welche die Werkstätten der Renaissance verfügten, nur ein mäßiger Bruchteil auf unsere Tage gekommen ist.

Mit Hilfe des bezeichneten Frieses von 1597 läßt sich eine Gruppe von Schnabelkannen auf den Meister Christian Knütgen zurückführen, die wegen ihrer feinen Arbeit und edlen Formen zu den höchstgeschätzten

Abb. 107. Wappenschnelle v. Christian Knütgen; 1574. KGW. Museum Berlin.

Werken Siegburgs zählen. Jede dieser Kannen, die ja wegen der darauf verwendeten sorgfältigen Handarbeit offenbar keine Massenware sein konnten, ist von der anderen verschieden und doch sind alle echte Geschwister. Die Hauptstücke besitzen die Kunstgewerbemuseen Cöln, Brüssel, Berlin und die Sammlungen v. Oppenheim und Hetjens.[1] Es ist vorauszuschicken, daß keineswegs alle Schnabelkannen und Schenkkannen, welche den bezeichneten Fries von 1597 oder einen anderen aus derselben Folge tragen, wirklich von Christian Knütgen ausgeführt sind. Denn seine Hohlformen für die Mittelleisten, Henkel und Röhrenschnuten haben auch die Höhrer Knütgen besessen und nach Ausweis dort ausgegrabener Bruchstücke auf weißem Steinzeug verwendet. Hier kann nur die Gefäßform zur Unterscheidung verhelfen.

Der gotisierende Fries von 1597 mit der Marke C. K. ziert eine Schnabelkanne im Brüsseler Kunstgewerbemuseum und bei Hetjens (Abb. 108), die wohl zu den jüngsten Arbeiten Christian Knütgens zu rechnen ist, weil der Ablauf des eiförmigen Bauches unter der Mittelleiste schon mit eingestempelten Arabesken ausgestattet ist. Die aus zwei halben Röhren zusammengesetzte Ausgußschnute ist oben und unten mit aufsteigenden Ranken

---

[1] Andere besaßen die Sammlungen Paul, Katalog No. 1; Katalog Hartel No. 158; Spitzer, Versteigerungskatalog Tafel 44, No. 1636 und 1641.

16

Abb. 108. Schnabelkanne mit gotischem Fries, bezeichnet C. K. 1597. Höhe 24 cm. Sammlung Hetjens.

und Grottesken geschmückt, die noch an die Stiche Hans Sebald Behams und Aldegrevers erinnern. Dem Meister Christian stand für diese Gefäßteile eine ziemliche Auswahl von Matrizen zu Gebote, die er fast immer so aneinander paßte, daß die Stoßfugen an die Seiten, die Ornamente nach oben und unten kommen (vgl. Abb. 109, 110, 112). Die Höhrer dagegen haben öfter die Ornamente nach den Seiten, die Fugen nach oben und unten gerichtet.[1])

Die Verbindungsbrücke zwischen Hals und Ausguß ist bei Christian Knütgen immer nur als blattbelegte Volute gestaltet; die Höhrer hatten diese Form auch, griffen aber zuweilen doch auf die ältere, noch von Anno Knütgen herrührende Gestalt eines gestreckten Armes zurück.[2]) In die Henkel ist bei den Schnabelkannen Christian Knütgens regelmäßig, bei seinen Schenkkannen seltener ein aufstei-

Abb. 109. Schnabelkanne von Christian Knütgen, 1591, Höhe 26 cm. Sammlung v. Oppenheim.

gendes Ornament eingedrückt, das zuweilen die Jahreszahlen 1589, 1591, 1593 enthält.

Die kraftvoll stilisierte Löwenmaske, welche die Röhrenwurzel der vorgenannten Kannen in Brüssel und bei Hetjens deckt, kehrt an derjenigen Schnabelkanne des Cölner Kunstgewerbemuseums (früher bei Thewalt) wieder, die als das erlesenste Stück der ganzen Gattung gilt (Tafel VIII). In der Mittelleiste sind die höchst lebendig bewegten Tiere, Greif, Steinbock, Einhorn, Hirsch, Hund und Hasen die Hauptsache; die Ranken haben auch hier wieder mehrere gotisierende Blüten. Verwandt, aber nicht die unmittelbare Vorlage, ist ein Stich von Virgil Solis.[3]) Nach Virgil Solis ist auch der meisterhaft gestochene Reiherfries auf dem Hals der Schnabelkanne ausgeführt. Ob das Vorlagenblatt noch vorhanden, ist mir zwar nicht bekannt; das Berliner Kupferstichkabinet besitzt aber von Virgil Solis einen Fries mit Papageien, der augenscheinlich das Gegenstück des Reiherfrieses war. Das Henkelornament ist 1591 datiert, der Krugschulter das Bestellerwappen des

DANIEL VON MERLAW CAPIT . CEM . ZV . FVLD . PRBST . ZO . ZELLA .

aufgelegt.

[1]) Beispiele in der Sammlung Frohne; Katalog Hartel No. 159 und 170; Katalog Felix No. 20.
[2]) Beispiele Katalog Paul No. 26; Katalog Hartel No. 170; Sammlung v. Oppenheim, Pabst Tafel 34, No. 50
[3]) Abgeb. Wessely, Ornamente Blatt 112.

16*

Abb. 110. Schnabelkanne von Christian, Knütgen 1591; KGW. Museum Cöln.

SCHNABELKANNE VON CHRISTIAN KNÜTGEN 1591

Hoch 28 cm. Kunstgewerbe-Museum Cöln.

Abb. 111. Ornamentstich von Theodor de Bry, von Chr. Knütgen für Kannenfriese verwendet.

Mit gleichem Mittelfries und Schnabelornament ist die Kanne der Sammlung v. Oppenheim (früher Disch) ausgestattet (Abb. 109). Die Halsleiste aus Bandarabesken ist auf einer zweiten Schnabelkanne des Cölner Kunstgewerbemuseums von 1591 (Abb. 110) als Mittelfries verwendet. Das Ornament der Schnabelkanne im Berliner Kunstgewerbemuseum ist mit unerheblichen Aenderungen einem Stich des Theodor de Bry (abgeb. Wessely, Blatt 181) entnommen. Aus den Werken des Frankfurter Stechers hat Christian Knütgen — und neben ihm Hans Hilgers — auch sonst geschöpft. Das hier abgebildete Blatt (Abb. 111) hat er für kleinere Schenkkannen (ein Beispiel im Brüsseler Kunstgewerbemuseum) verwertet.

Von einer anderen Art Schnabelkannen, deren Bauch nahezu kugelförmig gebildet und an der Stelle der breiten Mittelleiste nur von einem schmalen Profil umzogen ist, kann man bloß ein Stück (Kunstgewerbemuseum Brüssel, Abb. 112), das auf dem Henkel die Jahreszahl 1589, auf dem Schnabel 1590 trägt, mit einiger Bestimmtheit für Meister Christian in Anspruch nehmen.

Wenn es schon bei den Schnabelkannen nicht leicht ist, das Werk dieses Meisters einerseits gegen Höhr andrerseits gegen Hans Hilgers abzugrenzen,[1]) so wird die Unterscheidung bei den kleineren Schenkkannen noch beträchtlich schwieriger. Die untere Endung des Henkels kann gelegentlich einen Anhalt geben; denn die Westerwälder haben sehr oft den Henkelschwanz umgeklappt und sattelförmig niedergedrückt (vgl. Abb. 3), während in Siegburg die einfach anliegende oder spitz abgestrichene Endung vorherrscht. Für die Aufteilung der fraglichen Krüge zwischen Christian Knütgen und Hans Hilgers, vielleicht auch noch anderen Handwerksgenossen, ist damit aber nichts gewonnen.

Da nun Christian Knütgen trotz der größeren Fruchtbarkeit des Hans Hilgers der überlegene und führende Meister der Siegburger Spätrenaissance fraglos gewesen ist, scheint es richtig, die unbezeichneten Krüge seiner Stilrichtung hier anzuschließen, mit dem ausgesprochenen Vorbehalt, daß als Verfertiger auch Hilgers oder die Höhrer Knütgen in Frage kommen.

Die schnabellosen Schenkkannen, in Siegburg durchweg von geringerem Umfang und mehr geschlossener Form als in Raeren, erweitern in erwünschter Weise den Ueberblick

---

[1]) Schnabelkannen von Hans Hilgers sind abgebildet: Mit dem Bauerntanz von 1591 im Katalog Meurer No. 1; bei Eye und Börner „die Kunstsammlung Eugen Felix", Tafel XXIX; auf einem Stilleben des Harlemers Claesz Heda im Darmstädter Museum; mit einer Saujagd von 1591 im Katalog Hartel No. 157, jetzt bei Hetjens; mit Ornamentfries nach de Bry 1595 im Katalog Minard No. 31, Tafel VIII; bei Dornbusch Tafel III, No. 4.

Abb. 112. Schnabelkanne von Christian Knütgen,
KGW. Museum Brüssel.

über die Ornamentleisten, die noch zu Ende des 16. Jahrhunderts in der Abteistadt gemacht wurden.

Außer dem vorgenannten gotischen Fries von 1597 ist oft erhalten der Rankenfries mit der Eule (Abb. 113) nach Theodor de Bry, der das Motiv wieder dem Virgil Solis entlehnt hat. [1]) Gleicher Quelle entstammt eine Ranke mit Voluten und Kleinmeisterlaub, die am besten auf einem Weinkännchen aus dem Jahr 1600 bei Oppenheim (abgeb. Pabst, Tafel 35, No. 53), etwas derber auf einem Krug des Dresdener Kunstgewerbe-Museums (Abb. 114) ausgeführt ist. Eine Matrize dieser Leiste ist aus Grenzau in die Sammlung Zais gekommen.

Auf einer gut gearbeiteten weißen Kanne der Sammlung Frohne in Kopenhagen [2]) ist die hohe Mittelleiste durch Hermen und Rundbogen in Felder zerlegt, in welchen Landsknechte nach Abraham de Bruyn stehen. Da die Anordnung von Figuren unter Rundbogen in Raeren damals sehr gebräuchlich, in Siegburg dagegen ganz vereinzelt war, liegt hier der vor 1600 seltene Fall einer Anregung durch Raerener Krüge vor.

Das Britische Museum besitzt als sein bestes Stück Siegburgischen Steinzeugs eine Schenkkanne von der Form der Schnabelkannen Christian Knütgens (Tafel IX), aber von ganz ungewöhnlicher Verzierung. Die Blütenranken und Vögel auf der Kannenschulter sind in hohem, unterschnittenem Relief geformt und die Jagdbilder der Mittelleiste über Bleiplaketten abgedrückt. [3]) Daß Meister Christian die Kanne gefertigt hat, ergibt sich aus der Gefäßform. Die unmittelbare Benutzung von Plaketten ist in keiner anderen Siegburger Werkstatt nachzuweisen. Es liegt daher nahe, auch die mit Plakettenabdrücken belegten

---

[1]) Beispiele im Kunstgewerbemuseum Berlin, Cöln, Sammlung v. Oppenheim, Pabst Tafel 35 No. 52, Dresdener Kunsthistorische Ausstellung Tafel 102.

[2]) Abgeb. Pabst, Sammlung Frohne No. 19b.

[3]) Die Plaketten, nach Holzschnitten Hans Bockspergers, finden sich im Baseler Museum und im Germanischen Museum, vgl. v. Bezold und Dehio, Meisterwerke Deutscher Bildhauerkunst, Tafel 55; den Plaketten eng verwandt sind die zwei silbernen Schalenböden im Darmstädter Museum und die mit der Sammlung Metzler erworbene Silberschale des Kunstgewerbemuseums in Frankfurt a. M.

SIEGBURGER KANNE VON CHRISTIAN KNÜTGEN UM 1590.

mit Plakettenabdrucken belegt. Britisches Museum

Abb. 113. Schenkkanne mit Fries nach de Bry.
Christian Knütgen oder H. Hilgers, Siegburg
1590—1600. KGW. Museum Berlin.

Abb. 114. Schenkkanne Siegburg, vor 1600.
KGW. Museum Dresden.

Gefäße in Worms (s. Abb. 99 und 100) dem Werk Christian Knütgens anzureihen, zumal der Flachkrug (Abb. 99) auf der Rückseite ein Relief aus derselben Plakettenfolge trägt, die für die Londoner Kanne verwendet wurde.

Für den Pokal hat Christian Knütgen eine eigene Form mit mörserartigem Körper geschaffen. Vollständige Exemplare sind nicht bekannt; dem Hauptstück der Gattung, im Vereinsmuseum der Würzburger Residenz, fehlt der Fuß (Abb. 115); weitere Bruchstücke in der Sammlung Hetjens.

Auf der Grenze zwischen Siegburg und Höhr steht eine Riesenschnelle der Sammlung Oppler in Hannover (Abb. 116), der oben der bezeichnete Fries Christian Knütgens von 1597, unten sein Tierfries umgelegt ist, dazwischen auf genetztem Grund das schwedische Wappen.

Abb. 115. Pokal von Christian Knütgen, um 1590. Fuß fehlt. Museum Würzburg.

Abb. 116. Pinte mit 2 Friesen des Chr. Knütgen und dem schwedischen Wappen. Um 1600.
Höhr (oder Siegburg). Höhe 34 cm, Sammlung Oppler.

17

Die Tätigkeit des Meisters reichte noch in das 17. Jahrhundert hinüber. Im Germanischen Museum ist eine Matrize mit dem Reichsadler und der Marke C. K. 1601, im Cölner Kunstgewerbemuseum eine derb gearbeitete Kugelkanne mit dem Cölner Wappen bezeichnet C. K. 1605.

5. DER MONOGRAMMIST L. W.

Der Siegburger Werkmann L. W. ist früher gern als Cölner Formschneider angesehen worden, weil einige seiner Hohlformen, namentlich Wappenmatrizen, nach Raeren geraten sind, wo sie jahrzehntelang ausgenützt wurden. Es kann aber über seine Zugehörigkeit zur Siegburger Zunft kein Zweifel bestehen. Sein Stil bleibt auch in den Raerener Abformungen so Siegburgisch wie möglich und wenn die Bezeichnungen nicht wären, so könnte man seine weißen Krüge von denen des Hans Hilgers nicht unterscheiden. Außerdem sind manche seiner frühesten Arbeiten nichts anderes, als mehr oder minder geschickte Nachbildungen von älteren Siegburger Schnellen. Ueberhaupt ist seine selbständige Erfindung nicht sehr groß; er war ein tüchtiger Handwerker, aber zur Führerschaft seines Gewerbes nicht berufen.

Der siegburgische Stil seiner Formen schließt die Möglichkeit nicht aus, daß er aus Cöln nach Siegburg gekommen ist. Im Cölner Turmbuch wird zum Jahr 1564 als Sohn Hermann Wolters, des Kruchenbäckers auf der Schmierstraß, ein Laurentz Wolter genannt. Das genügt natürlich nicht, um ohne weiteres den Monogrammisten L. W. Lorenz Wolter zu taufen. Aber naheliegend war es für die Siegburger Eulner schon, in den Jahren um 1570, als die Herstellung belegter Kunstkrüge nach Cölnischem Muster von Werkstatt zu Werkstatt weiter griff, sich in Cöln nach Hilfskräften umzusehen, die das neue Werk und das Formenstechen verstanden. Und den Cölner Krugbäckern und ihren Werkleuten machte der Rat durch die Unterdrückung des Gewerbes den Abschied leicht. Zwar stand der Aufnahme fremder Gesellen in Siegburg die dortige Zunftordnung entgegen. Aber in Zeiten des Aufschwunges und des geschäftlichen Erfolges hat man es mit den Zunftbeschränkungen in der Regel leichter genommen, als in den Jahren des Niedergangs und des sinkenden Verdienstes, in denen man von ihrer strengen Handhabung Schutz und Hilfe erhoffte. Das Siegburger Töpferverzeichnis von 1583 zeigt ja in der Tat durch die den alten Familien nicht angehörigen Namen, daß die rasche Ausdehnung des Gewerbes nach 1570 zu Durchbrechungen der Abgeschlossenheit und Aufnahme fremder Gesellen wirklich geführt hatte.

Die Jahreszahlen auf den Krugbelägen des L. W. laufen von 1572 bis 1579. Gleich den anderen Siegburger Töpfern, die wie Peter Knütgen und Hans Hilgers um 1570 anfingen Formen zu stechen, hielt er sich zuerst an die Werke des F. T. Beweis dessen eine dreimal bezeichnete Schnelle in Schloß Stolzenfels (Abb. 117) mit Delila und Simson (DALIA BEDRECHT SAMSON. SNIT IM DAT HAR AF. L. W.), der Tochter Jephta, Jael und Sisera. Sowohl die Bogenumrahmung wie die Figuren gehen auf Schnellen des F. T. zurück. Aus der Werkstatt Anno Knütgens stammt das Vorbild für eine bezeichnete, aber undatierte Schnelle des L. W.[1]) mit Minerva, Juno und Venus in Spitzrauten über Wappenfeldern (Abb. 118).

---

[1]) Sammlung Hetjens, v. Lanna, Katalog Thewalt No. 73.

Abb. 119. Davidschnelle von L. W. 1573.
Sammlung Hetjens.

Abb. 118. Schnelle von L. W. mit Juno, Venus,
Minerva. KGW. Museum Berlin.

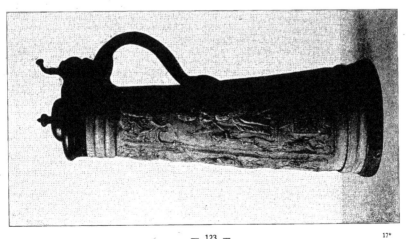

Abb. 117. Samsonschnelle von L. W. nach 1570.
Schloß Stolzenfels.

Sein bestes figürliches Werk ist die in kräftigem Relief gearbeitete David-schnelle von 1573 bei Hetjens (Abb. 119). Die Einfassung der Bilder mit Kleeblattbogen ist die bei F. T. übliche; für die Bilder selbst ist Virgil Solis frei benützt. Sie werden durch ausgiebige Unterschriften erläutert:

Saul trachtet Davit umb zu brengen.
Davit heut dem Goliat das Heubt ab.
Davit slaudert Goliat mit einem Stein.

Dann folgt eine Reihe bezeichneter Schnellen aus den Jahren 1572 und 1573, welche die durch F. T. eingeführte Anordnung von je drei Bildchen übereinander in jedem Belag weiter ausbilden. Das älteste Stück von 1572 steht im Cölner Kunstgewerbe-Museum (ohne Jahreszahl im Germanischen Museum). Das oberste Feld, ein Sechseck, enthält Christus und das Weib aus Samaria am Brunnen, ein Vierpaß in der Mitte Venus (im Germanischen Museum „Judit ein Romerin“), ein Achteck unten Susanna im Bade (Abb. 120).

Bei einer ähnlichen Schnelle von 1573 (Germanisches Museum, abgebildet im Katalog Wenke No. 2) sind andere biblische Bilder, Davids Kampf mit Goliat und die Verführung Lots, in die gleiche Umrahmung eingesetzt. Der wachsende Absatz des Siegburger Steinzeugs ließ die Töpfer in dieser Zeit das billige Hilfsmittel, durch wechselnde Zusammenstellung ihrer Matrizen den Mustervorrat scheinbar zu vermehren, immer stärker ausnützen. Die Sammlung Paul (Katalog No. 4) besaß eine bezeichnete L. W.

Abb. 120. Dreibilderschnelle von L. W. 1572;
KGW. Museum Cöln.

Schnelle, deren drei Beläge drei verschiedenen Folgen entnommen sind. Einer stammt von den eben genannten Schnellen mit biblischen Bildchen, der andere hat drei Darstellungen der Feldarbeit als Monatsbilder, der dritte die Kreuzigung, die Dreifaltigkeit und den ungläubigen Thomas. Auf einer Schnelle der Sammlung v. Oppenheim (Pabst Tafel 32, No. 48) fassen zwei Streifen Monatsbilder die Füllung mit der Kreuzigung und Dreifaltigkeit ein; in der Sammlung von Lanna ist nur der Dreifaltigkeitsbelag dreimal auf einem Krug wiederholt. Es ist wahrscheinlich, das der Werkmann L. W. auch bei diesen mit kleinen Bildchen besetzten Krügen nur Nachahmer gewesen ist. Denn Schnellen derselben Gattung, mit denselben Ornamenten in den Zwickeln und zum Teil mit den gleichen, kaum veränderten biblischen Bildern, hat auch Hans Hilgers mehrfach gemacht und bezeichnet. Da auf dessen Krügen die Jahreszahlen bis 1570 zurückreichen,[1] muß man ihm die Urheberschaft zuerkennen, obwohl auch er im Nehmen größer gewesen ist, als im Geben.

Abb. 121. Holzschnitt aus dem bergischen Landrecht von 1565. Vorlage für Schnellen des L. W. und H. H.

Als selbständige Arbeit des L. W. ist eine seltene Schnelle im Brüsseler Kunstgewerbemuseum[2] anzuführen; hier ist in einem Ornament aus geknickten Bändern je ein Ovalfeld mit der Justitia, Judit und Lucretia ausgespart.[3]

In das Jahr 1573 fällt ein merkwürdiger Schnellenbelag, den L. W. mit Wappen aus dem Jahr 1574 zusammengestellt hat.[4] Vor einem mit dem bergischen Wappen gezierten Turm stehen Misericordia und Veritas, obenauf eilen Justitia und Pax sich grüßend entgegen (Abb. 121). Das ist nicht wie man glauben könnte, eine Anspielung auf ein geschichtliches Ereignis, sondern nur die genaue Wiedergabe eines Holzschnittes aus der im Jahr 1565 zu Düsseldorf gedruckten „Rechtsordnung" des Herzogs Wilhelm von Jülich-Cleve-Berg, dem bergischen Landrecht.

Von 1574 an, das ist das Jahr, das uns die erste Wappenschnelle Christian Knütgens überliefert hat, verlegt sich auch L. W. auf die Heraldik. Mit entschiedenem Geschick, wie beispielsweise an dem großen Löwenwappen von 1574 (Abb. 122) zu sehen ist. Da es einige Schwierigkeit machte, die langgestreckten Schnellenbeläge mit einem einzelnen Wappenschild auszufüllen, wurden bald oben (Abb. 123), bald unten (vgl. Spitzer III, Grès No. 7) kleinere Wappen eingeschoben, mit Vorliebe die Kurfürstenschilder unten, Länderwappen oben.[5]

Den größten Erfolg hatten die Wappenmatrizen des L. W. in Raeren. Schnellenbeläge, runde und ovale Wappen mit dem Zeichen L. W. 1577 sind dort in Mengen bis

---

[1] Beispiele Kunstgewerbemuseum Hamburg, Germanisches Museum, La Collection Spitzer III, Grès, Tafel II No. 3.

[2] Inventar No. 988; abgeb. Katalog Hartel No. 161, jetzt bei Hetjens; Matrize im Cölner Kunstgewerbemuseum, siehe Abb. 4.

[3] Die Sammlung Hetjens besitzt mehrere Raerener Nachahmungen dieser Schnelle.

[4] Beispiele bei Spitzer III, Grès No. 7, Katalog Thewalt No. 81; dieselbe Darstellung bezeichnet H. H. 1572 auf einer Schnelle im Besitz des Herzogs von Sachsen-Altenburg, und wiederum 1573 auf einer anderen im Kestnermuseum zu Hannover.

[5] Bezeichnete Beispiele von 1574, 1575, 1576 bei Hetjens und v. Heyl.

Abb. 122. Wappenschnelle von L. W. 1574.
South Kensington Museum.

Abb. 123. Wappenschnelle von L. W. 1574.

zum Anfang des 17. Jahrhunderts verwendet worden[1]) und mehrere von den heraldischen Formen des Baldem Mennicken sind offenbar unter dem Einfluß des L. W. entstanden.

Schon vorher hatte er den Raerener Krugbäckern einen lang nachwirkenden Dienst erwiesen. Die Kupferstichfolge des Hans Sebald Beham mit den Bauerntänzen, die damals in Nachstichen oder Neudrucken wieder in Umlauf kam, hat er als Erster 1575 zu einer Krugleiste verarbeitet. Er brachte auch die Beischrift Behams „Die 12 Monat sein gedan, wolauf Ored wir fangens widerum an" in seiner Form an, die er 1578 von neuem anfertigte. Schon die erste Form gelangte nach Raeren und war wohl die Veranlassung, daß zunächst Jan Emens die Bauerntänze ausführte, die dann mit Raerener Beischriften versehen in ungezählten und durchweg verschlechterten Spielarten von geringeren Meistern bis ins 17. Jahrhundert hinein wiederholt worden sind. Seine zweite Form von 1578, der allein die Bauerntänze von Jan Emens gleichkommen, hat Baldem Mennicken, ein großer Töpfer aber schwacher Formstecher, für eine seiner hervorragendsten Kannen[2]) unmittelbar benützt.

---

[1]) Raerener Beispiele in den Kunstgewerbemuseen Brüssel, Berlin, Cöln.

[2]) Museum in Sèvres, abgeb Solon I Fig. 105.

In Siegburg haben die Bauerntänze, die später Hans Hilgers aufnahm, eine so große Beliebtheit niemals errungen, hauptsächlich deshalb, weil die für wagrecht umlaufende Friese allein geeignete Schenkkanne in der Abteistadt nicht annähernd die Rolle der Hauptkunstform gespielt hat, wie in Raeren. In Siegburg stand während der Renaissancezeit die Schnelle im Vordergrund. Der Werkmann L. W. hat daher seinen Bauerntanzfries zerlegt, so daß er einzelne Tänzerpaare mit Wappen und anderen Bildern zusammen auf Schnellen verwerten konnte. Diesen Vorgang veranschaulicht eine bezeichnete Schnelle von 1579 im Münchener Nationalmuseum (Abb. 124).

Im Jahr 1577 brachte L. W. eine Schnellengattung heraus, die seiner eigenen Erfindung gutzuschreiben ist. Sauber gezeichnete Kleinmeisterranken umrahmen auf jedem Belag ein Achteck, das einmal (Beispiele Kunstgewerbemuseen Cöln und Berlin) die Halbfiguren Jupiters, Mars und Minervas (Abb. 125), ein anderes Mal drei Wundertaten Christi, die Heilung des Taubstummen — MARCI VII —, der Aussätzigen — LVCAE XVII — und des Blinden einschließt.[1]) Diese Bilder sind auch als Rundbeläge für Kugelkannen und Trichterbecher gebraucht worden. Von unbezeichneten Schnellen steht ein seltenes Stück von 1579, mit Sankt Georg, der Königstochter und einem Wappen (Abb. 126) der Art des L. W. am nächsten.

Abb. 124. Bauerntanzschnelle von L. W. 1579. Museum München.

6. HANS HILGERS

Es ist nirgends ausdrücklich überliefert, daß das Töpferzeichen H. H. wirklich dem Siegburger Meister Hans Hilgers angehört, den das Rottenverzeichnis von 1583 Heyligers Jann nennt. Es ließe sich dagegen eine sehr seltene Schnelle[2]) aus dem Jahr 1569 anführen, die unter den Bildern des Rex Davit, Kunnig Artus und der Sant Hillenna ausgeschrieben die Worte „HANS HAN" zeigt. Wenn ich dennoch bei der hergebrachten Deutung auf Hans Hilgers bleibe, so geschieht es, weil diese Schnelle eine geringere Arbeit ist, als die meisten mit H. H. bezeichneten Krüge und außerdem, weil der Name Hans Han keine Lösung, sondern nur ein Rätsel mehr bringt. Hans oder Johann Hilgers ist ein urkundlich beglaubigter Zunftmeister, der wahrscheinlich zu dem Geschlecht der Zeymans oder Simons gehörte; den Hans Han sucht man in den Siegburger Urkunden vergebens. Vielleicht ist es der Name eines Bestellers.

Die Tätigkeit des Hans Hilgers als Formstecher fällt mit der Blütezeit der Hochrenaissance zusammen; seine bezeichneten Formen umfassen die Jahre von 1569 bis 1595. Seine Marke ist die bekannteste unter allen Siegburger Töpferzeichen; nicht nur, weil er öfter als andere

---

[1]) Sammlung v. Oppenheim, Pabst Tafel 35 No. 54.

[2]) Berliner Kunstgewerbemuseum und Katalog Meurer No. 5.

Abb. 125. Schnelle von L. W. 1577, mit Jupiter, Mars, Minerva. KGW. Museum Cöln.

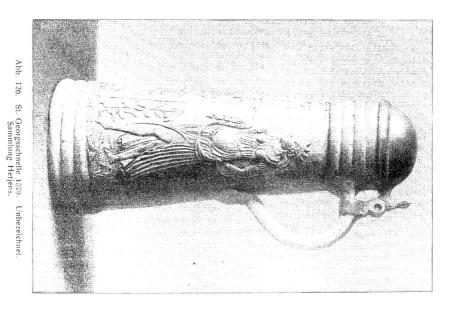

Abb. 126. St. Georgsschnelle 1570. Unbezeichnet. Sammlung Heijens.

seine Arbeiten bezeichnete, sondern auch, weil viele davon in großer Zahl auf unsere Zeit gekommen sind. Das führt leicht zu einer Ueberschätzung seiner Bedeutung. Wenn er auch den ihm nächst verwandten L. W. an Fruchtbarkeit und Erfindung bedeutend über- trifft, hat er doch auf eine so hervorragende Stellung, wie sie dem F. T. und Christian Knütgen im Siegburger Gewerbe zukommt, keinen vollgiltigen Anspruch. Er hat, der langen Dauer seines Wirkens entsprechend, so ziemlich alle die Entwicklungsstufen mitgemacht, die wir bereits an den Werken seiner Zunftgenossen feststellen konnten.

Die erste Gruppe seiner frühen Werke umfaßt die Nachbildungen der figürlichen Schnellen des F. T. Im Berliner Kunstgewerbemuseum steht neben der Samsonschnelle des letzteren die Wiederholung von Hans Hilgers zu lehrreichem Vergleich; weitere Bei- spiele im Cluny, in den Sammlungen von Lanna und v. Heyl und im Cölner Kunstgewerbe- museum.[1] Das Stuttgarter Altertumsmuseum besitzt von ihm die Schnelle mit dem Lazarus am Tische des Reichen, Tobias und der Verführung Lots aus dem Jahr 1569,[2] deren Vor- lage von 1559 (Sammlungen Hetjens und v. Oppenheim) wir in die Werke des F. T. ein- gereiht haben. Zur selben Gattung gehört noch der Krug mit drei Bildern aus der Geschichte des verlorenen Sohnes, die durch die Beischriften

„HER VVNTFENC ER SEIN GELT VN ZVGT HINEWICH"
„HER VERZRET ER SEIN GELT MIT WNSVCHT"
„HER BEKLAG ER SICH VN KVMPT ZO GENAT"

erklärt werden.[3]

Die von F. T. erfundene Umrahmung dieser Bilder, ein Kleeblattbogen, der unten eine Rollwerktafel für die Inschriften einschließt, oben von Grotteskranken bekrönt wird, hat Hans Hilgers bis in seine späteste Zeit wiederholt und als Einfassung für Wappen und Einzelfiguren benützt. Ein Beispiel aus dem Jahr 1591 ist die nicht seltene Schnelle mit den Gestalten der Unkeuschheit (DE UNKUISCHEN WERDEN GOT NEIT BESCHEWEN EWIG), der Hoffart (HOFFART EIN BOSART) und der Unmäßigkeit (GULSICHEIT GLEICH MAN EINNER SAU).

An jene Schnellenart aus der Werkstatt Anno Knütgens, auf der in einer ornamentalen Einfassung im Stil Theodor de Bry's Esther, Judit und Lucretia, dann drei Fürsten mit den Sprüchen „Justicia zert, Pax ich begert, Veritas halt wert" dargestellt sind, lehnt sich in freier Nachbildung eine nur in der Sammlung Hetjens bekannte Schnelle mit drei stattlichen Frauen, Grecia, Portugal und Prabannd benannt.

Auch in seiner zweiten Schnellengruppe, deren Beläge je drei runde, ovale oder eckige Bildchen biblischen Inhalts einschließen, folgt Hans Hilgers noch den Spuren des F. T. Diese Gattung ist mit bezeichneten Krügen aus den Jahren 1570 bis 1578 in den Kunst- gewerbemuseen von Berlin (Inventar K. 1376, M. 479, K. 1388), Cöln, Hamburg, Frankfurt, im Kestnermuseum Hannover, Hofmuseum Wien, Germanischen Museum, Reichsmuseum Amsterdam, Landesmuseum Prag, Vereinsmuseum Würzburg, Sammlungen v. Lanna, v. Heyl

---

[1] Die Sammlung v. Lanna in Prag hat zwei verschiedene Samsonschnellen mit der Bezeichnung H. H., beide nach F. T., aber von ungleicher Güte.

[2] Dieselbe Schnelle unbezeichnet von 1569 bei Lanna.

[3] Sammlung Hetjens; Katalog Seyffer No. 14, Katalog Minard No. 37; schwache Nachbildungen dieser Schnelle lieferte Frechen, Beispiele im Cölner Kunstgewerbemuseum.

18

Abb. 127. Schnelle von H. Hilgers
mit biblischen Bildern. Höhe 84 cm.
KGW. Museum Berlin.

und anderen ausgiebig vertreten.[1] Hier tritt die Ueberlegenheit des Meisters über Peter Knütgen und den Werkmann L. W. bereits deutlich zu Tage. Er begnügte sich
nicht, immer wieder dieselbe Umrahmung zu verwenden und
durch Austauschen der biblischen Bilder Spielarten herzustellen, sondern er hat für diesen Zweck in sehr geschickter
und kunstvoller Verbindung von Rollwerk, Blattranken und
Figuren neue ornamentale Einfassungen geschaffen, die den
verwandten Arbeiten des F. T. ebenbürtig sind.

Eine Schnelle mit den Werken der Barmherzigkeit und
Julius Ceisser 1578 bei Lanna, eine andere mit Joseph und
Potiphars Weib, David und Batseba und Josua im Berliner
Kunstgewerbemuseum (Abb. 127), eine dritte mit den Taten
des HERCKALVS in der Sammlung v. Heyl sind als die
besten Beispiele hervorzuheben.

Auf demselben Weg fortschreitend hat Hans Hilgers
noch mancherlei Abarten herausgebracht. Er ließ zum Beispiel in den ovalen Mittelrahmen solcher Schnellenbeläge
die herkömmlichen mythologischen, allegorischen oder geschichtlichen Einzelfiguren stehen, setzte aber in die Runde
darüber und darunter statt der Bibelbilder die Wappen der
Kurfürsten oder der Städte Cöln, Augsburg, Nürnberg ein.[2]

Wie alle seine Zunftgenossen, soweit sie als Formstecher wirkten, hat er Wappenschnellen in großer Zahl
geliefert, deren Jahreszahlen von 1572 bis 1594 laufen. Sie sind
weder durch besondere Eigenart noch durch sorgfältige Arbeit ausgezeichnet. Bestellerwappen, wie sie auf den Krügen Anno und Christian Knütgens so oft angebracht sind,
gibt es bei Hans Hilgers nicht. Er arbeitet nur mit den für ein weites Absatzgebiet gangbaren Wappen des Reiches und der Habsburger, der Kurfürsten, fremder Staaten wie England,
Schweden, Dänemark, Spanien (Abb. 128), der Hansastädte und deutscher Fürsten.[3]

Die Plaketten Peter Flötners hatte bereits Anno Knütgen um 1566 nach Cölnischem
Vorgang in die Siegburger Töpferei eingeführt. Ungefähr ein Jahrzehnt später griff Hans
Hilgers auf die Stiche des Virgil Solis nach den Flötnerplaketten zurück; seine Figuren der
Laster — Hasz, Unkuisch, Hoffert — kommen den Vorbildern viel näher, als die älteren
Arbeiten aus der Knütgenwerkstatt (Abb. 129). Auch die von Virgil Solis gestochenen
Helden und berühmten Frauen des Altertums, die Julius Caesar, Judas Machabaeus, Josua,
David, der Gros Alexander, Kunnig Artus, Konstantinus, Hector van Droi, Judit, Esther

---

[1] Abbildungen: Sammlung Metzler Frankfurt Tafel 6; Eye und Börner, Kunstsammlung Eugen Felix
Tafel XXIX; Collection Spitzer III, Grès, Tafel II No. 3; Katalog Thewalt, Tafel 30.

[2] Schnelle von 1587 im Katalog Paul No. 11; von 1589 im Museum Stuttgart und in der Sammlung
Frohne; von 1591 im Münchener Museum.

[3] Beispiele in den Museen Berlin, Hamburg, Amsterdam, Darmstadt, Hannover und anderwärts.

und Lucretia, waren schon durch die Werkstatt Anno Knütgens dem Siegburger Formenschatz einverleibt worden. Sie behielten ihre Beliebtheit bis zum Ausgang des 16. Jahrhunderts. Hans Hilgers bringt noch im Jahr 1592 (Schnelle im Kunstgewerbemuseum Berlin) David, Alexander und Josua ziemlich treu nach Virgil Solis in ganzer Figur und in einer Ausführung, die ebensogut zwanzig Jahre älter sein könnte. Eine Neuerung, die nach 1570 aufkam, ist die Darstellung solcher Figuren als Kniestücke, wobei unten ein Feld mit Wappen oder mit der Erschaffung der Eva, dem Sündenfall und der Vertreibung aus dem Paradies, oben ein Rundbogen mit Aldegreverlaub angesetzt wird (Abb. 130).

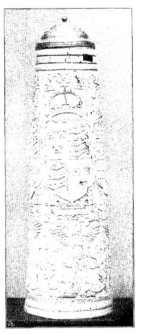

Abb. 128. Wappenschnelle von H. Hilgers 1573.

Solcher Schnellen gibt es noch sehr viele, teils unbezeichnet, teils mit den Töpfermarken H. H., L. W., L. 1589.[1] Es ist fraglich, ob Hans Hilgers Urheber der Gattung war; denn das älteste Stück von 1571 (im Berliner Kunstgewerbemuseum und bei Heyl) ist nicht bezeichnet und das beste, mit dem Brustbild des „HERTZOG VAN GOLICH CLEIF UN BERG 1572" (Abb. 131) ebenfalls nicht.

Das Wiederaufleben einer alten Zierweise in verjüngter Form veranschaulicht eine Schnellengattung aus dem Jahr 1585 (Kunstgewerbemuseen Berlin und Brüssel), an der Hans Hilgers zum mindesten beteiligt ist. Das ovale Bildfeld in der Mitte jedes Belags, von Aldegreverlaub umzogen (Abb. 132), ist ein Nachklang der Cölner Eigelsteinkrüge aus der ersten Hälfte des 16. Jahrhunderts.

Gegen Ende der siebziger Jahre, ungefähr zur selben Zeit wie der Werkmann L. W. wandte sich Meister Hilgers den wagrecht laufenden Friesen zu, die nicht für Schnellen, sondern nur für Schenkkannen und Schnabelkannen brauchbar waren.

Er hatte damit denselben, vielleicht unerwünschten Erfolg, wie sein Zunftgenosse. Die Raerener, die für wagrechte Kannenleisten immer Bedarf hatten, setzten sich in den Besitz seiner teils bezeichneten, teils unbezeichneten Formen und da sie die Schenkkannen mit breiten Mittelfriesen in Massen herstellten, die Siegburger dagegen nur in geringer Zahl, so sind die meisten seiner Friese nur in Raerener Ausführung vorhanden. Auch diese sind selten genug.

Das älteste Stück ist die Geschichte des verlornen Sohns, in freier Benützung der Stiche des Hans Sebald Beham entworfen. Der Fries ist nur in einem einzigen Exemplar auf einer braunen Kanne des Jan Emens (Abb. 133) in der Sammlung Hetjens bekannt. Die Aufschrift „DIT IS DEI HESTORIE VAN DEM FERLORNER SON" ist der Mundart nach erst in Raeren zugefügt. In zwei verschiedenen Auflagen fertigte er nach einem Stich von Virgil Solis (Bartsch 26) das Fest des Herodes mit der Enthauptung des Johannes. Die

[1] Beispiele in den Museen Berlin, Cöln, München, Darmstadt, Sammlungen v. Heyl und Hetjens.

18*

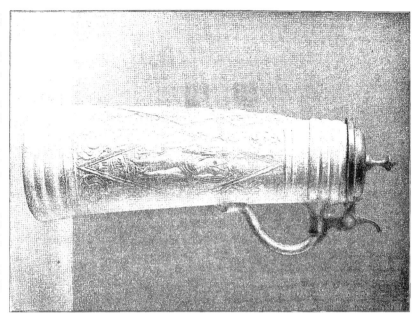

Abb. 129. Schnelle von H. Hilgers mit den Lastern nach V. Solis und P. Flötner.
Sammlung Hetjens.

Abb. 130. Halbfigurenschnelle von H. Hilgers nach Virgil Solis, 1572 und 1577.
Sammlung Hetjens.

Abb. 132. Schnelle mit Göttern in Aldegreverornament (B. 258), von H. Hilgers 1585. KGW. Museum Brüssel.

Abb. 131. Schnelle mit dem Bild des Herzogs von Jülich-Cleve-Berg, 1572. Sammlung Hetjens.

Abb. 134. Triumphzug von B. Beham. Vorlage für H. Hilgers.

eine, nur H. H. bezeichnete Form findet sich auf einer Kanne des Baldem Mennicken im Cölner Kunstgewerbemuseum (und bei Hetjens), die andere (vgl. Abb. 17) von 1580, der der Raerener Wilm Kalf seinen Namen zugefügt hat, ohne das Zeichen des Urhebers H. H. zu tilgen, im Museum zu Sèvres und wieder bei Hetjens. Die letztere Sammlung besitzt ebenfalls auf einer Raerener Kanne einen Fries mit einer dem Virgil Solis (Passavant 585) entlehnten Saujagd im Walde. Diese Darstellung ist in Siegburger Arbeit nur vereinfacht als schmaler Fries auf einer Schnabelkanne des Hans Hilgers von 1591 [1] erhalten. Nach einem Stich des Bartel Beham (Abb. 134) [2] führte Meister Hilgers den im Cölner Kunstgewerbemuseum, der Sammlung Hetjens und dem Aachener Museum vorhandenen Fries aus, dem der Raerener Benützer Jan Emens die Erklärung „DIT IS DEN TREIUMPF BACHUS DER FOLER BRODER ARDEN" beigab. Die Bezeichnung H. H. ließ er bestehen. Die Stiche des Virgil Solis lieferten ferner die Vorlagen für zwei von Hans Hilgers bezeichnete Friese: Einen mit der Aufschrift „DIT SIN DI VII BLANETEN" (vgl. Abb. 16),[3] den anderen mit dem von Jan Emens mehrfach wiederholten Zug der Jahreszeiten und Musen.

Die Bauerntänze H. S. Behams und auch die Dorfhochzeit mit den zechenden und raufenden Bauern hat Hans Hilgers 1589 und 1591 mehrmals ausgestochen, mit Beischriften, die den Kupferstichen Behams entnommen sind. Einige Gruppen aus der Dorfhochzeit sind einer Siegburger Kanne des Berliner Kunstgewerbemuseums (Inventar M. 2174) aufgelegt; die Tänze sind öfter auf Schnabel- und Schenkkannen [4] und auf einem Vexierkrug in Cöln (Abb. 135) erhalten. In Raeren sind diese Formen des Hans Hilgers nicht mehr verwendet worden, weil die dortigen Werkstätten mit Bauerntänzen schon vorher durch L. W. und Jan Emens versorgt worden waren.

In den letzten Jahren seiner Tätigkeit gerät Hans Hilgers in das Fahrwasser des Christian Knütgen. Die Zeit der Schnellen war vorüber, die letzten hat er 1593 und 1594 bezeichnet;[5] die Kannenformen traten in den Vordergrund. Für diese fertigte der Meister in den Jahren 1593, 1594 und 1595 eine Reihe ornamentaler Querfriese nach Theodor de Bry, zum Teil solche, die im Werk Christian Knütgens nicht vorkommen. Das zierlichste Stück darunter enthält in reicher Umrahmung aus Vasen, Ranken und Schwänen drei kleine

[1] Sammlung Hetjens, abgeb. Katalog Hartel No. 157.
[2] Oder des Hans Sebald Beham, Bartsch 143, datiert 1549, genannt „Triumph der edelen sieghaften Weiber."
[3] Kunstgewerbemuseen Cöln, Brüssel, Sammlung Hetjens.
[4] Gewerbemuseum Nürnberg, Sammlungen Hetjens, v. Lanna, Eugen Felix Tafel XXIX, Katalog Paul No. 15.
[5] Museen Berlin, Brüssel, Darmstadt.

Abb. 133. Raerener Kanne von Jan Emeus; Fries: Ver-
lorener Sohn nach Hans Hilgers. Sammlung Hetjens.

Abb. 135. Vexierkrug mit Bauerntanz von H. Hilgers.
KGW. Museum Cöln.

Abb. 136. Siegburger Kanne von H. Hilgers 1595.
Fries nach de Bry. KGW. Museum Dresden.

Abb. 137. Schnabelkanne von H. Hilgers 1593.
Fries nach de Bry.

Rundbilder mit Spes, Charitas und Fides;[1]) das häufigste ist jener Fries mit einer Schrifttafel zwischen Frauengestalten (vgl. Abb. 14), den die Krughändler Jan Allers und Jan Ernst mit ihren Namen versehen als Halsleiste im ganzen Steinzeuggebiet herumgebracht haben. Auf Siegburger Krügen enthält die Tafel den Spruch „GOT ALLEIN DE EIR" (Abb. 136).

Die Schnabelkannen des Hans Hilgers unterscheiden sich von denjenigen des Christian Knütgen durch weniger schwungvolle Umrisse, namentlich ist die Stelle, wo Fuß und Bauch sich berühren, niemals so stark eingeschnürt, wie das bei den Kannen Meister Christians der Fall ist (Abb. 137).

Schwieriger ist es, die einfachen Schenkkannen der beiden Meister auseinander zu halten. Man kann nur das eine Merkmal anführen, daß bei den Kannen des Hans Hilgers der Unterteil des Bauches in der Regel durch abwechselnd schmale und breitere Hohlkehlen, die oben rund umstochen sind, kanneliert ist (vgl. Abb. 136), nicht genetzt, gekerbt oder gestempelt, wie bei Christian Knütgen.

Von den besonderen Leistungen der übrigen Siegburger Meister aus den Familien Flach, Omian, Simons, deren Namen die Urkunden überliefern, ist irgend eine Vorstellung nicht zu gewinnen. Wenn auch Dornbusch Scherben mit dem Töpferzeichen P. V. und H. V. gesehen hat, so sind doch ganze Gefäße mit solcher Bezeichnung nicht bekannt. Es bleibt zu vermuten, daß diese Meister, sofern sie überhaupt Kunstware schufen — was zum mindestens von dem Flach wahrscheinlich ist — Mitläufer der vorgenannten formstechenden Meister und Werkleute gewesen sind, in deren Werken das Werden und Wachsen des gesamten Siegburger Formenschatzes Schritt für Schritt vor unseren Augen aufgerollt ist.

Häufiger begegnet man nur einem Töpferzeichen C. M. Es steckt aber kein namhafter Formstecher dahinter. Denn die Marke C. M. ist nicht deshalb häufig, weil ihr Träger viele Krugbeläge ausgeführt hat, sondern nur darum, weil eine einzelne Wappenschnelle der gangbarsten Art von 1591 mit diesem Zeichen in vielen Exemplaren erhalten ist.

D. DER NIEDERGANG

Um die Wende des 16. Jahrhunderts wird die Scheidelinie zwischen Siegburg und Höhr, wie schon angedeutet, undeutlich und verwischt. Es ist merkwürdig, daß nach 1600 beachtenswerte Krugbeläge — von einigen Wappen abgesehen — in Siegburg nicht mehr geschaffen worden sind, obwohl den Zusammenbruch des Handwerks erst 1632 die Verwüstung der Abteistadt durch die Schweden herbeiführte. Es scheint, daß um 1600 die im Westerwald durch das Zusammenwirken der Knütgen und Mennicken hochgebrachte Kannenbäckerei von Höhr und Grenzhausen auf Siegburg zurückwirkte und manchen Raerener Mustern dort Eingang verschaffte. Auch graues Geschirr mit Blaufärbung in Westerwälder Art ist nach einigen Scherbenfunden (Sammlung Hetjens) damals in Siegburg gemacht worden.

---

[1]) Eine bezeichnete Kanne bei Hetjens, eine unbezeichnete Kanne im Frankfurter Kunstgewerbemuseum.

Viel kann es nicht gewesen sein, denn mindestens noch 1654 waren die weißen Krüge allein die zunftgemäße Arbeit. Als nach dem Schwedensturm von 1632 die Eulner der zerstörten Aulgasse den Rücken wandten und sich im bergischen Altenrath niederließen, wo sie späterhin graues Geschirr mit Blau und Violett im Westerwälder Stil fertigten, da waren nur drei Meister, wie Dornbusch berichtet, zurückgeblieben. Die in Altenrath angesiedelten Abwanderer schützte der Herzog von Berg gegen den Versuch einer zwangsweisen Rückberufung durch den Abt der verödeten Stadt.

Um das fast erlöschende Handwerk mit auswärtigen Kräften wieder aufzurichten, berief der Abt Johann von Bock 1654 einen Westerwälder Kannenbäcker Eberhard Lutz aus dem Amt Ehrenbreitstein, das heißt wohl aus Höhr, in die Eulnerzunft. In der Verfügung seiner Aufnahme wird ihm gestattet, daß, so viel das Blaw Werck betrifft, er selbiges zu jeder Zeit und das ganze Jahr durch seiner Gelegenheit nach machen möge, die weiße Arbeit aber belangend, er sich der Stadt und des Eulnerhandwerks Ordnung und Statuten gemäß verhalten solle. Die blaue Ware stand also ganz außerhalb der zunftmäßigen Beschränkungen und ihre Herstellung wurde von den ansässigen Eulnern nicht als Wettbewerb empfunden.

Von datierten Erzeugnissen des 17. Jahrhunderts ist nicht viel Erhebliches erhalten, war doch die Zahl der gebrannten Oefen von 41 im Jahr 1615 auf 4 im Jahr 1643 heruntergegangen. Und die äußeren Verhältnisse wurden später nicht besser. Die Jahre 1688 und 1689 brachten erneute Kriegsnot, Plünderung und Verwüstung, schwere Schläge, von denen das Handwerk sich nicht mehr erholte. Die neue Zunftordnung von 1706 blieb wirkungslos.

Daß das „Geheimnis der weißen Masse" verloren ging, wie Dornbusch meint, ist wohl nicht richtig; es gibt Trichterbecher, vierkantige Kruken (Kunstgewerbemuseum Cöln, datiert 1635) und Maßkrüge aus dem 17. Jahrhundert, deren Masse ebenso weiß und gut ist, wie im 16. Jahrhundert. Die wesentliche Ursache, warum die Aulgasse nicht wieder in die Höhe kam, lag im Wettbewerb des Westerwaldes. Gegen die blühenden Betriebe von Höhr, die noch im 18. Jahrhundert tadellos weißes Geschirr lieferten, konnten die verarmten Siegburger nicht aufkommen. Und außerdem war die Schätzung des weißen Steinzeugs gesunken, seit die milchweiß glasierte Fayence Jedermann zu Gebot stand. Das weiße Steinzeug stand nur solange vorne an, als der Geschmack der Renaissancezeit feine Formen und zierlichen plastischen Schmuck zu würdigen wußte; dem Jahrhundert des Barock war mit der saftigen und lauten Farbigkeit der Westerwälder Geschirre besser gedient.

Im 18. Jahrhundert machten die Siegburger Töpfer rotbraune, scharf glänzende Maßkrüge, oben und unten mit einem nachlässig gestochenen Streifen barocken Ornaments belegt, vorn mit einem Wappen oder auch mit Abdrücken aus alten Matrizen mit Bibelbildern des 16. Jahrhunderts (Beispiele in den Kunstgewerbemuseen Cöln, Berlin und bei Hetjens).

In der ersten Hälfte des 19. Jahrhunderts bemühte sich ein Töpfer Peter Löwenich in Siegburg mit Hilfe alter, zum Teil unvollständiger und ungeschickt ergänzter Hohlformen, Schnellen und Kannen im Stil der Renaissance herzustellen. In den Rückständen mancher Museen sind seine Arbeiten noch zu finden; aber sie sind keineswegs so verbreitet, wie Dornbusch (S. 97) meinte. Sie tragen zwar immer Jahreszahlen aus dem 16. Jahrhundert,

19

doch kann sie schwerlich Jemand für alte Krüge halten; die graue oder gelbe Masse, die sehr unbeholfene Töpferarbeit, das Vermengen nicht zusammengehöriger alter und neuer Formen, auch Kachelformen und Münzabdrücke, schließen eine Täuschung aus.

Besser gelungen sind Fälschungen Siegburger Schnellen, die in der zweiten Hälfte des 19. Jahrhunderts in Höhr gemacht wurden. Wenn der Reliefschmuck einwandfrei erscheint, so verraten sie sich durch die Mündung. Bei den alten Schnellen ist die Lippe von innen nach außen zu einem rundlichen Grat angeschärft; die falschen dagegen haben oben einen ebenen, nach außen und innen rechtwinklig abfallenden Rand.

SD - #0109 - 010724 - C0 - 229/152/10 - PB - 9780428176358 - Gloss Lamination